LA TRAPPE

MIEUX CONNUE.

Se vend au profit du monastère, pour aider à l'entière confection des bâtimens.

PARIS, IMPRIMERIE DE DECOURCHANT,
Rue d'Erfurth, n° 1, près de l'Abbaye.

L'ABBÉ DE RANCE
Réformateur de la Trappe.

LA TRAPPE

MIEUX CONNUE,

OU

APERÇU DESCRIPTIF ET RAISONNÉ

SUR

LE MONASTÈRE DE LA MAISON-DIEU,

NOTRE-DAME DE LA TRAPPE,

PRÈS MORTAGNE, DIOCÈSE DE SÉEZ;

Par M. P., p.

PRÉCÉDÉ D'UNE INTRODUCTION PAR M. L'ABBÉ DEGUERRY;

Suivi d'une Ode par M. le comte de Marcellus,

ET ORNÉ D'UN PORTRAIT DE L'ABBÉ DE RANCÉ, GRAVÉ SUR ACIER,
ET D'UN FAC-SIMILÉ DE SON ÉCRITURE.

PARIS,

GAUME FRÈRES, LIBRAIRES,
RUE DU POT-DE-FER, N° 5.

—

1834

C

†

Je suis ravy ma tres chere sœur que vous
ayez receu le livre qu'on vous a envoié, et
que vous en soiez Contente, J'ey essaié d'y
exprimer les sentimens et les vües que
Dieu m'a donnez, et ce m'est une Consolation
sensible qu'ils passent sur vous Les Impressions
que vous me mandez, Ce sont de grandes
veritez que j'ay escrittes avec beaucoup de
simplicité, comme mon cœur est
parfaitement tendre pour tout ce qui
regarde vostre salut, il n'en faut pas
davantage pour vous faire gouster tout
ce que vous Croiez qui y peut contribuer
priez Dieu pour L'auteur, et demandez luy
qu'il le remplisse des connoissances et
des Lumieres dont il a tant de besoin
et qui sont si necessaires à un homme
de sa profession et de son estat, c'est
une grace ma tres chere sœur que j'espere
de vostre Charité aussi bien que celle
de croire qu'on ne peut estre avec plus
d'estime de tendresse et d'attachement que
je suis vostre tres humble et tres obeissant
serviteur et frere
F. Arnauld Jeanne ab. de la Trappe

14. 3
10 "
– 24. 5

A Ma Reverende

Ma Reverende Mere Marie
Louise Religieuse de L'anonciade
rue Couture St Catherine
à Paris

TABLE DES MATIÈRES.

	Pag.
INTRODUCTION.	1
Motifs et objet de cet ouvrage.	3
PREMIÈRE SECTION. — Coup-d'œil sur les anciens solitaires et la vie monastique.	6
Fondation et histoire du monastère de la Trappe, jusqu'à l'abbé de Rancé.	12
Notice sur M. de Rancé.	19
Cartes de visites faites à la Trappe par les délégués de l'Etroite-Observance de Cîteaux.	26
Première carte.	27
Deuxième carte.	29
Troisième procès-verbal de l'état spirituel de la Trappe.	30
Abbés de la Trappe depuis la réforme.	32
Intérêt que la Trappe inspire en 1790. — Sa suppression.	34
Dom Augustin de Lestrange détermine les religieux à aller s'établir en Suisse, à la Val-Sainte.	38
Dispositions favorables de Napoléon à l'égard des Trappistes.	46
Mort de dom Augustin de Lestrange.	49
Restauration du monastère de la Trappe.	50
Consécration de la nouvelle église de la Trappe.	53
Réflexions inspirées par cette cérémonie.	59
Impressions que produit sur le public la visite de l'intérieur de la Trappe.	64
DEUXIÈME SECTION.	72
Situation du monastère de la Trappe.	75
Les Trappistes ne sont point tristes et maladifs, comme on le pense.	77
Réception des hôtes à la Trappe.	85
Distinction des religieux en religieux de chœur et en frères convers.	91

Office de la nuit à la Trappe. . . . . Pag. 101
Chapitre des coulpes. 105
Travail manuel. 107
Silence. 109
Réfectoire. 113
Eglise de la Trappe. 117
Le Salve Regina. 121
Le Coucher. 123
Mort et funérailles du Trappiste. 124
Cérémonie du lavement des pieds. 131
Retraite annuelle. 134
Réfutation des objections contre la vie de la Trappe. 137
Préjugés sur la Trappe. 143
Amour des Trappistes pour leur règle. 145
TROISIÈME SECTION. — Notices historiques sur quelques religieux. 155
Le comte de Santena, appelé en religion frère Palémon. 156
Le chevalier d'Albergotti. 160
Picaut de Ligré, grand prévôt de Touraine. . . 165
La Trappe ne renferme-t-elle que de grands coupables? 181
QUATRIÈME SECTION. 185
Analyse des réglemens de la Trappe. 186
Réglement particulier pour l'infirmerie. . . . *ib.*
Réglement pour l'hôtelier. 189
Réglement du dortoir. 190
Réglement du chauffoir. 191
Réglement pour le réfectoire. 192
Réglement du chapitre. 197
Réglement pour le travail. 200
Réflexions sur les réglemens qui précèdent. . . 202
Ode sur les monastères en général, et sur le monastère de la Trappe en particulier, par M. le comte de Marcellus. 208

INTRODUCTION.

L'on pouvait croire les communautés religieuses d'hommes détruites à jamais en France, perdues et ruinées comme leurs habitations jadis si nombreuses et si belles, dont il ne reste aujourd'hui que des débris. En certains lieux elles ont entièrement disparu : l'on ne se doute de leur existence passée qu'aux voies publiques qui, ouvertes sur elles, ont pris et portent leur noms. En d'autres lieux, vous voyez ces grands asiles de la science et de la prière, devenus des dépôts de la vie matérielle, s'emplissant et se vidant des produits de la nature ou de l'industrie, saisissant l'âme d'une profonde mélancolie par le contraste de la majesté de l'édifice, de sa structure svelte ou imposante, avec sa présente destination. Enfin, il est des lieux où seulement des amas de pierres, des pans de murailles, que le temps, dans sa marche, abaisse de plus en plus vers le sol, disent à l'œil : ici fut une demeure de recueillement pieux, un refuge contre les mauvais penchans, une école des choses divines, une étude des principes et un exercice des moyens de la sanctification chrétienne.

Mais de dessous ou du sein de ces décombres qui paraissaient l'avoir ensevelie, s'est levée la pensée évangélique, mère de tant de communautés et d'abbayes fameuses; la voilà qui, debout et pleine de vie, construit de nouvelles retraites, où accourent se fixer des âmes pénétrées de son esprit particulier : c'est un progrès marqué de l'époque dans les voies du christianisme.

La Trappe, depuis sa fondation, tenait, pour la pénitence, le rang suprême parmi les ordres religieux. Ses longues veilles, ses jeûnes rigoureux, ses macérations que l'on croirait au-dessus des forces humaines, son silence continuel et profond, sa mort avec la vie, étaient célèbres dans le monde catholique. Des âmes sans tache y venaient s'offrir victimes d'agréable odeur au Très-Haut, en même temps que des âmes pécheresses se crucifier par le repentir et transformer une vie de scandales en une vie de sublimes vertus. On raconte d'un prédicateur qu'après l'un de ses discours dont l'auditoire avait été vivement ému, il fut accueilli au bas de la chaire par ces paroles d'un jeune homme : *Bene dixisti,* « vous avez bien parlé; » et qu'ayant répondu : *Bene fac,* « faites bien, » le jeune homme d'une naissance illustre, mais d'un déréglement extrême, partit le jour même pour les larmes et les mortifications de la Trappe.

Cet ordre religieux, qui se présente sous la glorieuse protection de trois grands noms, de saint Benoît, auteur de sa règle, de saint Bernard, son fondateur, et du fameux abbé de Rancé, son réformateur, trouva des soutiens, contre le mouvement impie du dernier siècle, parmi les hommes mêmes de la dévastation. Ils demandèrent, mais inutilement, une exemption pour lui; le coup mortel le frappa comme tous les autres instituts. Attachée à sa vocation, ne voulant pas séparer ses enfans, la Trappe partit avec ceux qui purent la suivre, endura plus d'une privation, courut plus d'un danger, habita tour à tour les forêts de l'Amérique, les bruyères de l'Irlande, et les glaces de la Russie, jusqu'au jour heureux de la réconciliation ouverte de la France avec son antique foi. Le génie puissant qui régna bientôt, la traita avec une respectueuse affection, mais la menaça et voulut la briser quand il ne put la forcer à le suivre dans ses injustes démêlés avec le chef de l'Eglise.

Libres plus tard, ainsi que la chrétienté tout entière, par la chute du terrible empereur, les disciples de saint Bernard accoururent à leur retraite de Mortagne, retrouver tant d'ombres illustres et vivre avec elles. Le monastère était en ruines, ils s'y fixèrent aussitôt. Telle est la foi, rien ne l'arrête dans sa vocation; elle se place au milieu des débris sans s'inquiéter pour ce qui l'abritera et la nourrira. *Cherchant avant tout*, d'après la parole du maître, *le royaume des cieux et sa justice*, elle se tient en repos pour ses nécessités connues de cette Providence paternelle, *qui nourrit le plus petit des oiseaux et qui revêt la plante des champs* (1). Si, quand on la force à s'exiler dans des jours mauvais, la dernière chose qui disparaît est sa demeure, quand elle revient en des jours meilleurs, c'est aussi la dernière qui se montre.

Les Trappistes de Mortagne eurent sujet de bénir le ciel pour les secours qu'il leur envoya. Le temple divin avait été détruit; auraient-ils pu ne pas vouloir, et commencer sa reconstruction? L'ouvrage marchait heureusement avec des ressources assurées; une violente secousse les a dissipées. Les vénérables religieux n'ont pas laissé, malgré cette perte, de continuer la sainte entreprise qui sera bientôt achevée. Dieu, pour fournir à leur dénûment, leur a inspiré la résolution de solliciter l'assistance de la charité, de dire aux hommes de la même foi leur pénible gêne; c'est dans ce dessein et pour ce motif qu'ils se révèlent au monde, afin que les

---

(1) S. Mathieu.

fidèles connaissent quel est le besoin de leur aumône, et quel en sera l'emploi : la délivrance des charges qu'ils ont contractées pour le sanctuaire où ils adorent et prient le Seigneur, où ils chantent à plusieurs reprises jour et nuit la louange de ses perfections infinies. Le travail des mains, qui occupe tout le reste d'un temps dont l'oisiveté n'a jamais rien, suffit aux nécessités si réduites de leur existence mortifiée. Bien plus, ils tiennent continuellement ouvert le sein d'une hospitalité cordiale à tous ceux qui désirent la recevoir, accueillant leur arrivée, ne demandant rien à leur départ. Oh! qui ne serait profondément édifié et disposé à les secourir en lisant le tableau de leur vie fait dans ce livre avec un charme de simplicité touchante!

Les hommes de la foi catholique n'ont pas besoin de la justification des ordres religieux. Ils savent que cette vocation du goût de certaines dispositions de notre nature, conseillée sinon commandée dans l'Evangile, remonte à la plus vénérable antiquité; qu'elle a été consacrée par quelques-uns des prophètes et sanctifiée par Jésus-Christ qui interrompit souvent sa mission publique pour se recueillir dans la paix et la solitude. Ils savent de quelles rayonnantes vertus la religion est environnée quand elle évoque son peuple des cloîtres et des monastères; quels grands caractères elle y trouva pour remplir les hautes charges; quelles vives lumières pour éclairer le monde; que les plus glorieuses entreprises de la propagation de la foi en sortirent presque toutes; que là s'en conçut la pensée, s'en dressa le plan, s'en formèrent les instrumens; que par la puissance d'une collection de talens et de dévoûmens, la religion put opérer et opéra ce qui serait à jamais resté impossible avec les forces éparses d'individus isolés.

Aux ordres religieux est due la formation plus prompte des corps de cités et de nations dont ils hâtèrent l'existence régulière, soit par leurs travaux, soit par l'image du bonheur qu'offrait leur association tout à la fois alors modèle et appui. Si le premier besoin d'un peuple qui naît est le défrichement des terres où poser sa demeure, et d'où tirer sa subsistance, ne sont-ce pas les ordres religieux qui ont défriché l'Europe, qui ont eu les premiers la volonté et le courage de ce labeur, qui en ont supporté les fatigues et obtenu les précieux résultats? Sans eux, surtout, qui aurait fécondé le sol intellectuel? quelle aurait été sa culture, qu'aurait-il produit? Comment se serait faite la transmission des monumens littéraires et scientifiques avant la découverte de l'imprimerie? Qui aurait eu la patience de transcrire tous les ouvrages de la Grèce et de Rome? Et quand la barbarie ignorante foulait d'un pied de mépris cruel les vieilles races humaines, saccageant les monumens, brûlant les bibliothèques, où se réfugièrent les sciences et les lettres, quel fut leur asile? les monastères, qui devinrent, tandis que les villes et les royaumes étaient ravagés, des forteresses imprenables où elles étaient recueillies, d'où elles faisaient de continuelles sorties sous la conduite de la foi, pour adoucir la férocité, vaincre l'ignorance, répandre les lumières de la civilisation, en même temps que pour créer partout l'esprit de concorde et de fraternisation.

Il y aurait injustice bien ingrate à contester aux ordres religieux une existence (assurée du reste par la liberté générale) à laquelle ils ont droit, à titre du moins de retraite ou de pension, pour les services signalés qu'ils ont rendus. L'on a d'ailleurs plus besoin de leur présence que l'on ne se l'imagine vulgairement. Tant que l'on a été privé de leur puissante action, les larges entreprises dans la foi et la science sont demeurées impossibles ou ont été malheureusement stériles.

Combien de raisons d'un autre ordre en faveur des communautés religieuses! Les âmes, bien que faites les unes et les autres à l'image de Dieu, n'ont pas été jetées dans un seul moule. Elles diffèrent peut-être plus entre elles pour les inclinations, qu'entre eux pour les formes, les corps qu'elles habitent. Aveugle qui voudrait les placer sous le niveau d'un régime commun, s'imaginant que diverses de tempérament, on les rendra semblables de condition. S'il en est à qui la vie ordinaire avec ses travaux, ses fêtes et ses plaisirs, convient, il en est pour lesquelles cette vie serait un supplice. Celles qui veulent le monde, sont plus mêlées les unes que les autres aux agitations de son existence. Eh bien! il est des âmes dont la nature est de se cacher, comme d'autres de se montrer; de vivre d'une vie privée, comme d'autres d'une vie publique; d'être recueillies et ignorées, comme d'autres vues et répandues.

Que feraient au milieu du monde ces âmes qui, tout en chérissant les hommes, éprouvent un tel besoin de Dieu que leurs pensées le cherchent sans cesse, montent toujours vers lui; qu'elles souffrent de tout ce qui les redescend aux choses d'ici-bas, que leur action est de communiquer habituellement avec le principe des êtres, de pénétrer le nuage qui le dérobe aux regards, et d'arriver à le contempler face à face? On dirait de célestes essences à qui toute occupation terrestre, tout soin matériel, sont contraires.

Que feraient au milieu du monde des âmes saintes et pures, qui veulent sauver ce que l'Evangile leur enseigne, un bien d'une valeur infinie, dont la perte ou la conservation emporte des punitions ou des récompenses sans mesure et sans fin, leur innocence ; et qui ne voyant autour d'elles aucun lieu où demeurer sans péril de souillure, demandent avec instances un abri loin des écueils ? On dirait la colombe sortie de l'arche qui se hâte d'y rentrer parce que les eaux fangeuses du déluge menacent partout encore sa blancheur.

Que feraient au milieu du monde les âmes d'une liberté rebelle et emportée, que la moindre occasion de s'émanciper agite, bouleverse ; qui, toujours en péril de s'en aller, rompant avec la loi, à toutes les erreurs et à toutes les licences, s'indignent sous le frein, et qui, victimes une fois du désordre, deviendraient promptement ses esclaves ? On dirait des hommes sur une pente rapide où une faible secousse peut les précipiter ; ou bien assis au haut d'un abîme, les pieds en dedans du gouffre où ils peuvent à chaque instant tomber.

Que feraient au milieu du monde ces âmes qu'il a brisées une ou plusieurs fois, qu'il a ballottées aux vents de ses mauvais exemples, qu'il a battues avec les grands flots de son aveuglement, qu'il a noyées, et qui, sauvées, aux cris de leur conscience, par la religion, veulent fuir et les vents et les flots dont elles ont été le jouet ? On dirait de malheureux naufragés qui ne peuvent plus voir la mer où s'est montrée une mort horible à laquelle ils ont échappé miraculeusement.

Enfin, que feraient au milieu du monde les âmes qui veulent vivre désormais entièrement à Dieu, parce qu'elles l'ont entièrement oublié d'abord; qui, pour avoir outragé sa bonté, veulent se dévouer à sa justice, se refuser toute jouissance légitime, comme expiation des jouissances criminelles qu'elles se sont permises? On dirait des voyageurs en retard qui marchent toujours afin d'arriver au temps marqué.

Les siècles qui ne sont pas matérialistes ont pitié des âmes auxquelles ils croient. Ils avouent qu'elles ne prospèrent pas en toute position, de même qu'il est des plantes qui ne s'acclimatent pas partout; qu'il faut aux âmes malades par nature ou par accident un régime à part, des asiles salutaires où elles consultent et soient soignées; qu'empêcher la vivacité des unes d'aller aux extrémités du bien, c'est la jeter quelquefois aux extrémités du mal; que négliger de traiter la souffrance des autres, c'est lui ouvrir la voie à des actes funestes; qu'il importe de ménager à celles qui sont profondément affligées un autre conseil que le désespoir au sein de leurs douleurs, et pour en sortir une autre issue que le tombeau.

Deux journaux que l'on ne suspectera pas de partialité pour le catholicisme faisaient dernièrement eux-mêmes à ce sujet des réflexions d'une justesse parfaite. « *La Gazette médicale* » a déclaré ces jours passés le suicide, épidémi-

» que, sinon contagieux, et a prescrit contre son
» invasion une hygiène préventive dont je sus-
» pecte fort l'efficacité. Allez, messieurs les doc-
» teurs, vous n'y voyez pas plus clair à ce cho-
» léra nouveau qu'à celui de 1832 ! Vous ne le
» guérirez pas davantage. Ce n'est pas d'aujour-
» d'hui, d'ailleurs, que l'humanité est en butte
» à ce mal; mais autrefois, du temps qu'il y
» avait encore des croyances, une religion, il
» il y avait aussi des traitemens contre lui : c'é-
» tait Dieu qui était le médecin. Se sentait-on
» atteint, on s'en allait à l'église prier Dieu, et
» Dieu vous disait le remède! Et il vous en-
» voyait aux hôpitaux où l'on soignait les ma-
» lades lassés de la vie : ces hôpitaux, c'étaient
» les cloîtres.

» Voyez si l'on se tue autant là où ces hos-
» pices des âmes, si ébranlés qu'ils soient, sont
» toutefois demeurés debout. A Madrid il y eut
» un suicide l'an dernier. Les Voltairiens criè-
» rent bien, à la vue de cette mort, que l'Es-
» pagne commençait à se civiliser, mais les
» vieux chrétiens s'effrayèrent et pressentirent
» tristement la ruine prochaine de leur culte et
» de leurs autels.

» Que voulez-vous? C'est le sort du siècle !
» On ne croit plus en rien, ni en Dieu, ni en la
» royauté. Il y en a qui cherchent comment
» finira le monde! Eh bien! toute foi est
» éteinte, ce sera peut-être par ce dégoût de la

» vie devenu général et invincible, par un sui-
» cide universel. »

Cependant les hommes de la retraite qui semblent délaisser leurs frères les servent d'une manière efficace et dans des intérêts, bien précieux. Les sociétés se maintiennent par les mœurs; quand la corruption les gagne, elles se fusent vite. Or, quel secours puissant pour soutenir et améliorer les mœurs que l'édification donnée par des âmes subjuguant les mauvaises tendances de la nature et l'élevant à la pratique des plus sublimes vertus! Le récit ou le spectacle de vies magnifiquement réglées excite ceux qui l'entendent ou qui le voient, à régler la leur. Il n'est pas inutile que quelques hommes dépassent le but dans la pratique du bien; les moins ardens et les plus empêchés reçoivent de cet exemple des forces pour l'atteindre.

Élevons-nous à d'autres considérations encore. Que les justes protègent le monde devant Dieu contre les méchans dont les désordres excitent ses foudres, c'est une vérité bien intime à la conscience du genre humain, puisqu'il l'a toujours et partout confessée. Mais elle est d'une évidence complète aux yeux du chrétien. Le Seigneur ne déclare-t-il pas dans l'Ecriture à Abraham qu'il épargnera la criminelle Sodome, s'il s'y trouve tel nombre de vrais fidèles? La réversibilité des mérites n'est-elle pas le dogme fondamental de la foi évangélique? n'est-elle pas également la raison des prières faites les uns pour les autres? Alors ces hommes qui se dévouent dans la retraite aux jeûnes, aux veilles, aux oraisons, à de nombreux et continuels travaux, sont les anges de la terre. Ils rachètent par le bien qu'ils pratiquent, le mal qui se fait; leurs mortifications conjurent le courroux céleste; leurs sacrifices sans réserve rendent le Très-Haut propice. Infirmes à leurs propres yeux, trop souvent infirmes aux yeux du siècle, ils le protégent pourtant, ils préservent de la foudre le monde moral: ce sont, dans un sens, de vrais paratonnerres.

Sous ce rapport, qui n'applaudirait du fond de son âme et de toute la ferveur de la foi, à la réapparition de l'ordre des Trappistes au milieu de nous! De quel secours ne seront-ils pas à la France auprès des miséricordes divines! Agenouillés bien souvent au haut d'une sublime contemplation, ils imploreront le ciel pour les nécessités générales, ils écarteront plus d'un orage, ils obtiendront plus d'un bienfait; des hommes égarés leur devront la grâce de rentrer dans la foi et les mœurs. Combien aussi, après avoir été le jouet des caprices de leur imagination et des imaginations d'autrui, viendront à la Trappe refaire leur esprit et leur cœur, leur conscience et leur conduite! Quelques-uns, en ces dernières années, y ont déjà cherché et trouvé un refuge contre le bruit de tant de vaines disputes, le mécompte de tant de stériles agitations et le néant de tant de folles espérances. Oui, plus d'une âme désabusée, ne croyant plus aux promesses de la terre, est venue y *respirer du côté du ciel*, avec la certitude d'y être plus utile aux vrais intérêts de la société, en même temps qu'elle assurerait ceux si capitaux de son éternité.

De cette retraite de foi, d'espérance et de charité s'exhalera continuellement un parfum de christianisme qui embaumera toute la contrée; de cette retraite de silence continuel et profond s'élèvera sans cesse une voix imposante disant aux hommes : « Aimez Dieu, aimez-vous les uns les autres, songez à la misère de ce qui passe, à la valeur de ce qui ne finira jamais; voyageurs ici-bas, votre patrie est au-delà du temps. » A cette retraite de science et de piété accourront prendre des conseils et voir de beaux modèles, beaucoup de ceux qui veulent vivre et mourir chrétiennement. Du moins la lecture de ce livre en inspirera le désir et peut aussi suppléer le voyage.

L'abbé DEGUERRY.

LA TRAPPE

Mieux connue.

« Le Seigneur consolera Sion et en relèvera les
» ruines; il changera son désert en un lieu de dé-
» lices, et sa solitude en un jardin du Seigneur; on
» n'y verra plus que joie et allégresse, on n'y enten-
» dra plus que louanges et actions de grâces (1). »

Ces promesses si consolantes faites au peuple hébreu, et qui jadis s'accomplirent si littéralement, viennent d'avoir aujourd'hui un accomplissement non moins parfait en faveur de la grande Trappe du Perche, objet, aussi bien que l'ancien peuple de Dieu, d'une prédilection marquée du Seigneur. Comme autrefois Israël, cette célèbre abbaye, devenue la proie de nouveaux Assyriens, avait vu, dans les jours à jamais néfastes de la révolution française, ses murs renversés, ses autels abattus, son sanctuaire profané, ses enfans bannis. Les Israélites, arrachés à la sainte Sion et

---

(1) *Consolabitur Dominus Sion, et consolabitur omnes ruinas ejus, et ponet desertum ejus quasi delicias, et solitudinem ejus quasi hortum Domini; gaudium et lætitia invenietur in eâ, gratiarum actio et vox laudis.* ISAIE, L, 3.

traînés captifs à Babylone, ne versèrent pas des larmes plus amères ni plus abondantes que les disciples de Rancé forcés d'abandonner leur solitude, de dire un adieu qui pouvait être éternel à leur désert, à la grotte de saint Bernard, aux tombeaux de leurs pères, à tous ces lieux si chers, si vénérés, si riches de souvenirs. Dieu seul connut toute l'ardeur des vœux qu'ils formèrent dans leur exil pour leur prompt retour à cette terre de bénédiction, et il a daigné enfin les exaucer. Cette maison fameuse, qui naguère encore n'offrait plus à l'œil du voyageur que de tristes débris, monument honteux du moderne vandalisme, vient enfin de sortir comme miraculeusement de ses ruines. Ah! oui, c'est bien la main du Seigneur qui en a relevé les murs, réédifié et consacré le sanctuaire par une nouvelle bénédiction de son ministre, et changé le long deuil de ses habitans en cantiques d'allégresse. Il faut en avoir été témoin pour se faire une idée des transports de joie et d'actions de grâces qui ont éclaté à l'inauguration de ce nouveau temple, transports que sont venus partager avec les Trappistes des milliers de personnes de tout rang et de toute opinion.

Elle plane donc encore sur cet asile silencieux, la croix, objet de mépris et de haine pour l'impie, mais seul espoir du juste comme du pécheur repentant! L'écho redira donc encore aux sombres forêts du Perche les hymnes sacrés dont les Trappistes font retentir nuit et jour les voûtes de leur église. Il sera donc encore permis à la sainte postérité des Benoît et des Bernard, aux enfans de Rancé et de Lestrange, de jeûner, de veiller, de souffrir et de mourir à la Trappe, au gré de leurs désirs; il sera permis aux pécheurs désabusés des menteuses promesses du siècle d'y venir chercher un abri contre les remords et la justice vengeresse de Dieu; aux justes, une retraite assurée contre les piéges et la séduction d'un monde corrompu; à tous enfin, de s'édifier à cette école de mortification. Ce jardin du Seigneur, cet Eden, de tout temps si fertile en fruits de grâce et de salut, continuera donc à en produire avec abondance pour la consolation de l'Église et l'édification des chrétiens !

Motifs et objet de cet ouvrage.

A quiconque conserve l'antique foi, il ne paraîtra point étonnant de voir éclore un ouvrage à l'occasion d'une cérémonie de peu d'importance aux yeux de bien du monde. Certes, pour tout observateur religieux, cette restauration de la Trappe est un événement des plus frappans. Je ne crains pas de le dire, ce serait à la France entière à saluer avec enthousiasme cette inauguration d'un si heureux présage pour elle. France, qui fus si long-temps la plus belle portion de l'héritage du Seigneur, non, elle n'est pas encore épuisée pour toi, la coupe du salut et de la miséricorde; non, les crimes de tes enfans égarés n'ont pas tari encore la source des grâces; tu reçois dans ton sein les prophètes du Seigneur, tu participeras, selon la promesse évangélique, à la grâce des prophètes. C'est Dieu, dans sa miséricorde, qui t'adresse ce peuple de saints pour t'en faire un bouclier contre les traits de sa justice.... Les prières, les larmes, les austérités des Trappistes feront au ciel une douce violence en ta faveur; pour épargner les villes infâmes, Dieu ne demandait que dix justes..., non, la France ne périra point....

Dans la foule qui a assisté à la consécration de l'église de la Trappe, il se trouvait grand nombre de personnes d'un rang et d'un mérite éminens. Intéressées et édifiées au-delà de toute expression, plusieurs d'entre elles ont manifesté le désir de voir paraître une relation de cette pieuse et imposante cérémonie, pour que l'édification pût s'en répandre dans toute la France et ne restât point concentrée dans les bornes d'une province. En nous rendant à ces pieux désirs, nous croyons devoir saisir l'occasion favorable pour publier en même temps une esquisse historique de cette maison fameuse, un tableau de la vie de la Trappe et des vertus sublimes de ses habitans, et une analyse des réglemens qui sont comme la base de tout cet admirable édifice de spiritualité et de sainteté.

Bien des chrétiens veulent voir de leurs yeux

et visiter en personne ces saints solitaires. C'est sans doute un avantage inappréciable et que nous conseillons à tous ceux qui le peuvent de se procurer une fois au moins dans la vie : ils en deviendront incontestablement meilleurs ; mais tout le monde n'en a pas le loisir. Ne pourrait-on pas du moins, pour ceux qui le désirent, faire voir la Trappe en perspective et comme en panorama ? c'est ce que nous allons entreprendre. Nous ne pouvons nous le dissimuler, cette peinture des mœurs de la Trappe paraîtra un anachronisme de quinze siècles. Les Trappistes, quoiqu'ils soient au physique des hommes en tout semblables aux autres hommes, paraîtront au moral, sans aucune illusion d'optique, de vrais géans et des êtres surhumains. C'est pour cela même, nous l'espérons, que les vrais chrétiens voudront assister à ce panorama religieux. On en visite tant d'autres à plus grands frais, quoique moins édifians et même moins curieux ; au moins on est sûr de revenir de celui-ci avec un commencement de faim et de soif de la justice.

Ce tableau intéressera sûrement par lui-même ; le fond en fera pardonner la forme ; l'original en est si beau, qu'il suffit de le copier fidèlement. C'est d'ailleurs le tableau de la grandeur et de la force, il peut se passer des grâces du coloris. Un motif qui devrait décupler le nombre des acquéreurs de cet ouvrage, comme il peut centupler la bénédiction attachée à sa lecture, c'est que l'acquisition en sera une œuvre de charité, ce petit écrit se vendant au bénéfice du monastère de la Trappe, dont les bâtimens sont loin d'être achevés.

I_{re} SECTION.

Coup-d'œil sur les anciens solitaires et la vie monastique.

De tout temps, soit goût naturel, soit vertu et philosophie, la solitude eut ses amateurs et de nombreux partisans. Elle fait les délices des âmes sensibles et pures, et devient un besoin pour le pécheur pénitent.

C'est là en effet qu'on peut respirer enfin un air pur, jouir de Dieu et de soi-même, se livrer sans distractions et sans obstacles à l'esprit de componction, à l'étude de la vraie sagesse, à la contemplation des choses célestes, dont on y éprouve déjà le délicieux avant-goût. La loi ancienne même y dévoua ses parfaits, les Esséniens et les Réchabites. Mais ce furent surtout les exemples du saint précurseur et du divin législateur lui-même qui consacrèrent à jamais le désert. Aussi, à peu de distance du berceau de l'Église, vit-on des essaims de solitaires s'exiler du monde pour s'ensevelir tout vivans dans le creux des rochers et dans les antres de la terre, véritables anges du désert, qui ne conservaient un corps que pour en faire l'instrument de la plus rude pénitence; vrais martyrs dans la paix de l'Église, à qui l'ardeur extrême pour les macérations tint lieu de bourreau.

Ils firent l'admiration et l'étonnement de l'univers chrétien : les grands du monde, les dames romaines même de la plus haute distinction se faisaient honneur de les visiter, et se trouvaient heureux de recueillir de leur bouche un mot d'édification; leur vie a été écrite et préconisée par les saints les plus illustres, les Basile, les Grégoire, les Chrysostôme et autres lumières de l'Église.

Dès le milieu du troisième siècle de l'ère chrétienne, les déserts de la Haute-Égypte et de la Thébaïde se peuplèrent de ces pieux anachorètes, qui fuyaient le monde pour se retrouver eux-mêmes et cultiver leur âme à loisir dans la prière, la méditation des vérités éternelles et la pratique de toutes les austérités. Le climat de ces contrées est en effet le plus éminemment propre à la vie solitaire et à l'isolement érémitique. Le sol, échauffé par un soleil brûlant, y produit de lui-même et en abondance des fruits et divers végétaux, alimens légers à la vérité, mais suffisans à la subsistance d'hommes dévoués volontairement à la plus dure abstinence. C'est là que s'étaient retirés Paul, le premier des anachorètes, Antoine, le père des solitaires. Ils y furent bientôt suivis d'une foule de fidèles qui redoutaient encore plus la contagion du monde et ses séductions que la rage des persécuteurs et la fureur des tyrans. Le nombre s'en accrut insensiblement, et dès la fin du troisième siècle il était déjà considérable. Il devint prodigieux dans le quatrième, et, avant la fin de ce siècle, on comptait soixante-dix mille moines dans la seule Égypte, en sorte que ces déserts offraient l'image de villes peuplées d'un monde de saints solitaires.

Cassien, qui les avait visités avec soin et avait même vécu long-temps parmi eux, nous a laissé une touchante peinture de leur vie. Elle peut se résumer en ces mots: prier, gémir, veiller, jeûner, travailler dans le silence et la retraite la plus entière. Une grotte naturelle ou taillée dans le roc, quelques vieux tombeaux, une hutte en bois couverte de branches et de feuillage, leur servaient d'asile; un palmier, un figuier et quelques racines du désert leur offraient, sinon de quoi apaiser leur faim, ils ne se rassasiaient jamais entièrement, du moins assez pour les soutenir et prolonger leur pénitence. Une source, un ruisseau, un puits suffisaient à étancher leur soif. Ils prenaient le titre de moines ou solitaires, noms caractéristiques de la parfaite solitude à laquelle ils se condamnaient.

Dans la suite, leur nombre s'accroissant sans

mesure, peu à peu ils se rapprochèrent des lieux habités, et se retirèrent même dans les villes, où ils vivaient en communauté. De l'Orient ils s'étendirent à l'Occident, où saint Benoît en devint le législateur et le père, comme saint Antoine l'avait été d'abord avec moins d'éclat dans l'Orient. Il y eut cette différence entre ces deux patriarches des cénobites, que le plus ancien n'avait eu dans la ferveur primitive qu'à modérer l'ardeur de ses disciples qui les eût entraînés trop loin, au lieu que le second fut obligé de stimuler les siens, de les ramener autant que possible à l'austérité antique déjà bien altérée, et d'accorder même quelque chose à l'esprit de relâchement qu'il déplore avec amertume dans plusieurs endroits de sa règle; peut-être aussi eut-il égard à l'âpreté de nos climats qui paraît exiger quelqu'indulgence et une nourriture plus abondante. Quoi qu'il en soit, la règle de saint Benoît a toujours passé pour un chef-d'œuvre de sagesse, et bien des législateurs y ont fait plus d'un heureux emprunt. Il ne faut pas juger de cette règle par la vie de la plupart des maisons modernes dont les religieux se disaient disciples du saint et *Bénédictins*. Ce code admirable, pris à la lettre, offre encore, dans sa modération, de quoi effrayer la nature chez les plus fervens : les longs jeûnes qu'elle prescrit y sont, selon l'ancien usage de l'Eglise, d'un seul repas pris sur le soir; le travail des mains y est fixé à sept heures environ, etc. Hélas! telle est la faiblesse naturelle de l'homme toujours entraîné par son propre poids vers le relâchement : cette règle si sage ne subsista pas trois siècles dans sa pureté. Mais Dieu suscita de temps en temps de nouveaux réformateurs pour ramener les cloîtres à la ferveur primitive. Ainsi se perpétua l'état monastique soumis à des oscillations diverses de ferveur et de relâchement, tantôt réformé et régénéré, tantôt déclinant et dégénérant jusqu'au grand restaurateur de la discipline antique, saint Bernard, abbé de Clairvaux. Peut-être n'y eut-il pas moins de difficulté ni de mérite à réparer qu'à fonder ces saintes observances; aussi ce célèbre réformateur, qui établit d'ailleurs un grand nombre de monastères, fut-il placé à juste titre auprès de saint Benoît dans les fastes de l'ordre monastique. C'est de son temps que date la distinction jusqu'alors inconnue des religieux en pères ou religieux de chœur, et en frères laïcs ou convers.

De nouvelles réformes devinrent bientôt nécessaires et eurent lieu avant celle qui va faire l'objet de ce petit écrit. On n'a pas manqué de remarquer, de relever même avec exagération, ces relâchemens et ces désordres partiels qui, par intervalle, éclipsèrent la beauté de l'ordre monastique. Mais on n'a pas observé avec le même soin, qu'à tout prendre c'est peut-être la plus étonnante et la plus salutaire création du christianisme. Il faudrait rappeler l'histoire de seize siècles, pour énumérer tous les services rendus à la société par les divers ordres religieux. Chose étonnante! c'est en renonçant au monde et en fuyant les hommes que les moines se mirent en état de servir si utilement les hommes et de renouveler la face du monde. C'est en nourrissant dans le désert et dans la solitude des cloîtres le feu sacré, qu'aux temps de la corruption et de la barbarie ils purent réchauffer, ranimer et ressusciter pour ainsi dire le cadavre de la société, en le retrempant dans la foi, en lui rendant le souffle de vie qui s'était conservé en eux. Vous qui souriez de pitié à la vue, je me trompe, on n'en voit plus, au souvenir, au seul nom de moine, où en seriez-vous, sans ces hommes vénérables que vous accueillez de votre mépris? où en seraient les arts et les sciences dont vous êtes si fiers, et cette civilisation, cette douceur de mœurs, cette politesse dont vous vous attribuez toute la gloire? On ne peut le constester, et au besoin l'histoire est là pour le prouver, ce furent les moines, dont on n'ose presque plus de nos jours prononcer le nom, qui, tout en défrichant et fertilisant les terres jusque là stériles, cultivèrent avec non moins de soins et de succès le vaste champ de la doctrine: recueillant avec ardeur tous les débris des connaissances antiques, et y joignant leurs propres découvertes, ils mirent le tout en dépôt dans leurs cloîtres, comme le plus riche héritage des âges futurs. Ainsi les monastères ne furent pas seulement des maisons de prières, mais des asiles, et comme les arsenaux de toutes les connaissances utiles.

Fondation et histoire du monastère de la Trappe, jusqu'à l'abbé de Rancé.

Le monastère dont nous allons raconter la réforme à jamais célèbre avait été fondé en 1140, par Rotrou II, comte du Perche. C'était un paladin intrépide, qui fit la guerre avec honneur en Espagne et en Palestine pendant les premières croisades. Dans un voyage en Angleterre avec son épouse et plusieurs gentilshommes anglais, se voyant sur le point de périr victime d'un naufrage, il fit vœu, si le ciel le sauvait de ce danger, de bâtir une église en l'honneur de la sainte Vierge. Sa prière ayant été exaucée, il s'empressa d'exécuter sa promesse en fondant une église et un monastère dans un vallon, connu de temps immémorial sous le nom de Trappe. En mémoire du danger auquel le ciel l'avait arraché, il fit donner au toit de l'église la forme d'un vaiseau renversé.

Ce monastère prit depuis le titre de Maison-Dieu Notre-Dame de la Trappe; on y conserve encore aujourd'hui le portrait du comte son fondateur. Dix-huit ans après, Rotrou III, fils du précédent, fit à l'abbaye des donations considérables, avant de partir comme croisé pour la Palestine en 1214. L'église fut dédiée sous le nom de la Mère de Dieu par Robert, archevêque de Rouen, Raoul, évêque d'Evreux, et Silvestre, évêque de Séez. Plusieurs reliques précieuses, apportées par Rotrou de la Palestine, y furent déposées ; plusieurs souverains pontifes, entre autres Eugène III et Alexandre III, prirent la Trappe sous la protection spéciale du saint Siége, et accordèrent à cette abbaye divers priviléges, et en particulier l'exemption des dîmes. Ce monastère adopta la règle de Cîteaux, devint une filiation de Clairvaux, et par conséquent les religieux furent Bernardins. Il n'est cependant point sûr que saint Bernard vint jamais honorer de sa présence la fameuse grotte qui porte ce nom célèbre ; elle pourrait bien n'avoir d'autre honneur réel en ce point, que d'être, de temps immémorial, dédiée en quelque sorte à ce saint patriarche de l'ordre. Quoi qu'il en soit, elle acquit depuis d'autres titres incontestables à la vénération ; elle fut souvent fréquentée par l'abbé de Rancé, qui en fit le théâtre de ses conférences, auxquelles le grand Bossuet assistait avec la simplicité d'un Trappiste.

La vigueur de la discipline se maintint, et la ferveur régna long-temps dans ce monastère. On regardait comme un inestimable avantage la participation aux prières des religieux. Pour y acquérir un droit spécial, outre les deux comtes du Perche dont nous venons de parler, plusieurs illustres personnages firent du bien à cette maison : les plus distingués de ces bienfaiteurs furent les seigneurs de Dreux, Robert père et fils, et Charles de Valois, comte d'Alençon. Dans cette ferveur primitive, avec des possessions étendues et de grands revenus, la population de la Trappe dut être considérable ; elle était réduite à sept individus à l'époque de la réforme, six religieux de chœur et un seul convers.

Tombée, comme la plupart des autres monastères, entre les mains d'abbés commendataires, elle resta en commende depuis la fin du xve siècle jusqu'à la réforme ; ce fut une des causes principales de sa décadence, outre que, vers la même époque, elle fut en proie aux ravages de la guerre et à la rapacité des Anglais, qui occupèrent toute la contrée. Le relâchement introduit dans divers monastères avait aussi gagné celui-ci. Il se trouvait, sous tous les rapports, dans l'état le plus déplorable, lorsqu'un événement fameux dans ses fastes le ramena à l'austérité primitive et lui donna une célébrité immortelle. Armand de Rancé, qui en était abbé commendataire depuis vingt-huit ans, entreprit de remettre cette maison sous l'étroite observance de Cîteaux, ce qu'il exécuta heureusement à force de soins et d'éloquence, de patience et de fermeté. Pour mieux faire ressortir, par le contraste, l'éclat de cette réforme et le mérite de l'illustre réformateur, nous jetterons en passant un coup-d'œil sur l'abîme où était insensiblement descendue cette abbaye jadis florissante, et depuis si fameuse.

Le relâchement et le désordre spirituel y étaient à leur comble; les sept religieux qui l'habitaient encore n'avaient conservé de leur état que le nom et l'habit, qu'ils profanaient par une vie plus que séculière. Leurs journées se passaient dans l'oisiveté, les repas, le jeu et les parties de chasse. Leurs déréglemens étaient notoires dans le pays, et les personnes honnêtes fuyaient l'approche de cette maison.

Le désordre matériel marchait de front avec celui des habitans. Tous les édifices étaient en ruines, les salles changées en écuries, en pressoirs ou en celliers, les jardins couverts d'épines et de ronces. Le monastère, en un mot, offrait en tous sens la hideuse image d'un repaire de vices, bien plus que d'une communauté de personnes religieuses.

C'est ce chaos physique et moral que le réformateur eut à débrouiller. On peut bien dire que la Trappe, telle qu'il la fit, fut une vraie création; réforme prodigieuse qui ne demandait rien moins que toute l'ardeur de son zèle, que toute la fermeté de son caractère, tout l'entraînement de son éloquence, et toutes les ressources de son génie. Dès qu'il eut ouvert lui-même, comme nous le dirons bientôt, les yeux à la lumière de la grâce, il sentit l'obligation urgente qui pesait sur lui, en sa qualité d'abbé de cette maison, de remédier à ces désordres que jusqu'alors il avait tolérés, et en quelque sorte autorisés par sa négligence et sa vie toute mondaine. Quelle entreprise que de ramener ces moines scandaleux à l'étroite observance de Cîteaux! quelle distance à franchir! Comment soumettre ces têtes indociles et impatientes de tout frein au joug d'une sévère discipline? comment les élever du fond de l'abîme jusqu'au sommet de la sainte montagne?

Le réformateur n'employa à cette fin que les armes des apôtres, que les moyens de douceur et de persuasion. On conçoit combien une âme ardente, un génie naturellement si éloquent, devaient encore tirer de forces et d'énergie de la vue d'un tel désordre, et de la ferveur de sa conversion récente. Mais tout vint échouer contre l'insensibilité de ces cœurs endurcis par l'abus des grâces, et familiarisés depuis long-temps avec la mollesse et la corruption; tous, à l'exception d'un seul, résistèrent aux efforts de son zèle. Il courut même risque de payer de sa vie les services que, dans sa charité, il s'efforçait de rendre à ces indignes religieux. Leur fureur éclata contre lui, à tel point qu'un colonel de cavalerie, Louis Le Loureux, brigadier des armées du roi, qui se trouvait alors aux environs de Mortagne, crut devoir offrir son secours à l'abbé de Rancé, pour le protéger contre les menaces des moines de le jeter dans les étangs, s'il ne se désistait de son entreprise. Fidèle à ces principes de douceur et de modération, Rancé, sensible à l'attention de ce digne militaire, se garda bien néanmoins d'accepter son offre : ce pieux officier, ami et admirateur de l'abbé de la Trappe, vint dans la suite se soumettre, sous sa discipline, aux rigueurs de la réforme. Après y avoir passé trente-sept ans dans la pratique la plus exacte de la règle, il y mourut en odeur de sainteté peu de temps après son supérieur, à côté duquel il fut inhumé, suivant ses désirs.

Voyant qu'il ne pouvait dompter ces cœurs endurcis, le réformateur changea de plan, et borna les efforts de son zèle à remplacer ces religieux obstinés par ceux de l'Etroite-Observance. Il fallait avant tout obtenir le consentement des premiers. Enfin, après de grandes difficultés, à force de patience et de persévérance, il vint à bout de triompher, sur ce point, de leur longue résistance. En vertu d'un concordat passé en 1662, ces moines incorrigibles se retirèrent moyennant une pension de 400 francs que l'abbaye s'obligea de payer à chacun d'eux, et cédèrent la place aux religieux de l'Etroite-Observance que Rancé y fit venir sans délai.

Un seul des premiers se rendit aux conseils paternels de l'abbé, et embrassa la réforme, après avoir fait, à l'âge de quarante ans, un second noviciat à Perseigne. Il s'appelait Joseph Bernier, et était né à Mortagne dans le Perche. Régénéré à son noviciat, comme par un second baptême, il se montra un homme tout nouveau, fut l'édification de la réforme et l'admiration du réformateur lui-même. Pénétré d'une vive componction sur les désordres de sa vie, surtout depuis sa première profession, il se livra, avec une ardeur qu'on eut de la peine à régler, à toutes les rigueurs de la plus austère pénitence. Son humilité égalait sa componction, et entre autres preuves, quelque temps avant sa mort il demanda comme une grâce qu'on fît jeter son corps à la voirie, se jugeant indigne, après la profanation de ses vœux de religion, d'être inhumé auprès de ses frères et dans la terre des saints.

Ravi d'un succès qui lui avait tant coûté, M. de Rancé demeura encore quelques mois à la Trappe, devenue, par cette régénération, si chère à son cœur, partageant les austérités de ses nouveaux religieux, déjà moine de fait parmi les moines, et n'aspirant plus qu'à le devenir complètement.

Mais il est temps de faire connaître d'une manière plus détaillée, quoique succincte, la vie de ce réformateur.

Notice sur M. de Rancé.

Armand Jean Le Bouthillier de Rancé était né à Paris, le 19 janvier 1626, de l'une des plus illustres et des plus anciennes familles de France. Génie prodigieux par sa précocité, la passion pour les belles-lettres se développa en lui presque aussitôt que la parole. Il fut confié aux soins de trois précepteurs qui profitèrent de ses heureuses dispositions pour l'avancer rapidement dans les études. Dès l'âge de dix ans il savait fort bien tous les poètes grecs, et à l'âge de douze ans il publia une édition annotée des poésies d'Anacréon, dédiée au cardinal de Richelieu, ouvrage qui fut admiré des plus savans hellénistes du grand siècle. A l'âge de treize ans il donna un traité sur l'excellence de l'âme, dans lequel il réfutait habilement les erreurs des anciens philosophes. Dans sa licence, il l'emporta sur Bossuet lui-même, son émule et son ami.

Après avoir reçu la prêtrise, malgré la sainteté de son caractère, il menait une vie dissipée et toute séculière, partageant son temps entre les délices de la cour et de la capitale, et les plaisirs de la campagne, brillant partout, et partout recherché. Sa table était d'une délicatesse somptueuse, ses appartemens, ses meubles, et ses équipages d'un luxe excessif. Sa passion pour la chasse l'engageait à passer une partie de la belle saison à sa délicieuse maison de Veret, où les festins et la bonne chère étaient prodigués aux nombreux amis qui le venaient visiter. Un seul trait fera connaître l'esprit de légèreté et de frivolité qui le dominait alors. Après s'être bien diverti un jour avec trois jeunes gentilshommes compagnons de ses plaisirs, ils formèrent ensemble l'étrange projet de mettre dans une bourse commune chacun mille pistoles, et d'aller courir le monde à l'aventure et en chevaliers errans. Des obstacles imprévus s'opposèrent à l'exécution de ce projet insensé.

On lui a reproché, mais, à ce qu'il paraît, sans fondement, de plus graves égaremens et de criminelles intrigues. La plupart des historiens de sa vie n'ont point admis cette opinion. M. de Rancé était trop jaloux de sa réputation, trop fier de l'estime générale que lui valaient ses brillantes qualités, pour consentir ainsi à se déshonorer ouvertement aux yeux du public. Moreri est plus réservé sur le compte du réformateur. L'ambition, l'amour de la gloire, dit cet auteur, furent ses passions dominantes. Suivant Godescard, ses mœurs étaient réglées, mais il vivait dans une dissipation et un faste qui insensiblement éteignaient en lui l'esprit sacerdotal.

La fable de la liaison de Rancé avec la duchesse de Montbazon, citée par un seul historien que nous nous abstiendrons de nommer, fut empruntée, par cet écrivain trop crédule, aux libelles des ennemis du réformateur. Elle n'en a pas moins été copiée par tous les auteurs modernes des diverses relations sur la Trappe, écrites la plupart dans un style et un esprit profanes. Un de ces auteurs ajoute même sans preuve aucune, et sur un *on dit,* qu'on conservait soigneusement à la Trappe la tête de madame de Montbazon, comme monument de la grâce qui avait enfin rappelé Rancé dans les voies de la pénitence. Tout le monde peut juger de la vraisemblance de cette assertion, dont d'ailleurs les Trappistes attestent la fausseté.

On assigne diverses causes plus réelles que la mort de la duchesse de Montbazon, au changement prodigieux que la grâce opéra en lui. Selon plusieurs de ses historiens, il fut un jour atteint des balles d'un fusil pendant qu'il était à la chasse, et en fut heureusement préservé par l'acier de sa gibecière sur lequel elles frappèrent. « Hélas! s'écria-t-il, où serais-je si Dieu n'eût eu pitié de moi? » La mort de Gaston, duc d'Orléans, dont il était premier aumônier, fut, selon toute apparence, ce qui acheva sa conversion. Il resta constamment auprès de lui, jusqu'à ce que le duc eût fermé les yeux. Un tel spectacle était bien propre à compléter sa détermination. La mort par elle-même si effrayante pour l'homme pécheur, mais la mort d'un prince qui passe en un instant de l'éclat de la grandeur à l'obscurité du tombeau, du faste de la cour aux pieds du juge souverain, quelle matière aux réflexions d'un esprit juste et éclairé qui n'a pas perdu la foi !

Quoi qu'il en soit des divers incidens dont Dieu se servit pour ramener à lui un homme sur qui il avait de si grands desseins, sa conversion fut entière et sa pénitence parfaite. Durant le cours des longues années qu'il survécut à sa vie mondaine, aussi distingué des saints à la tête desquels il se trouvait, par ses vertus, que par sa place et ses talens ; modèle plus encore que supérieur, il ne se démentit pas un instant. Nous allons le suivre encore un moment dans cette nouvelle carrière si différente de celle où nous venons de le voir.

Il y avait débuté par l'abandon de toutes ses abbayes et des autres bénéfices ecclésiastiques accumulés sur sa tête. Il avait, comme nous l'avons vu, rétabli l'Etroite-Observance dans celle de la Trappe qu'il obtint de posséder en règle. Arriva enfin le moment si désiré de réaliser ses vœux pour la retraite. Le même homme qui s'était écrié avec dédain, quelques années auparavant, en présence de l'évêque de Comminges : « Moi me faire frocard ! » se revêtit avec ardeur de l'habit de moine, parcourut toutes les épreuves du noviciat à l'abbaye de Perseigne, de l'Etroite-Observance, en 1663, à l'âge de trente-trois ans. L'année suivante, 1664, après la fin de son noviciat, ayant reçu de Rome l'expédition de ses bulles d'abbé régulier de la

Trappe, il fit profession avec un de ses anciens domestiques qui voulut le suivre dans le désert, et qui devint ainsi son frère. Après avoir reçu à l'abbaye de Saint-Martin de Séez la bénédiction abbatiale des mains de Maurice Plunkett, évêque d'Ardach en Irlande, il se rendit à la Trappe, y prit possession et se livra avec ardeur à sa propre sanctification et à ses projets de réforme. De plus en plus rempli de zèle et d'éloquence, il eut bientôt persuadé à ses religieux de reprendre de la rigueur antique tout ce qu'il crut possible, eu égard aux circonstances. Ainsi, de concert avec leur saint abbé et par ses conseils, ils se dévouèrent à un silence rigoureux, au travail et à une abstinence absolue de vin, d'œufs, de poisson, de tout assaisonnement aux légumes qui firent avec du pain bis leur unique nourriture. Aussi est-il appelé le réformateur de la Trappe, qui devint par son zèle un autre Clairvaux dont il fut le saint Bernard.

Un tel réformateur ne pouvait manquer d'être en butte à la malignité et à la censure du monde, et surtout des ecclésiastiques et des religieux relâchés. La calomnie chercha à le rendre odieux en noircissant ses démarches les plus saintes et jusqu'à ses intentions. Mais, fort de sa conscience et de la pureté de ses motifs, il était bien supérieur à toutes les imputations de l'envie; loin d'en être le moins du monde déconcerté, il s'en félicitait très-sincèrement. « Quoique nous ne

» soyons plus du monde, écrivait-il à ce sujet à
» l'évêque de Grenoble, et que nous l'ayons quitté
» pour trouver quelque chose de meilleur, le re-
» pos et la solitude, il ne laisse pas de penser à
» nous et de faire des efforts pour nous ravir ce
» qu'il n'est pas capable de nous donner. Nous
» sommes toujours en butte à bien des gens de
» tous les états et de toutes les professions; ils
» nous imposent ce qu'il leur plaît pour nous ren-
» dre odieux aux hommes et nous attirer l'envie;
» mais comme nous n'avons nul dessein de leur
» plaire, en vérité nous aimons beaucoup mieux
» être l'objet de leur haine que de leur estime, et
» je trouve qu'il est beaucoup plus aisé de se sau-
» ver parmi les calomnies que parmi les louanges. »

Et dans une lettre à sa sœur, religieuse de l'Annonciade, lettre inédite dont l'autographe se conserve à la Trappe avec beaucoup d'autres de l'abbé de Rancé : « Je n'ignore rien de ce qui se ré-
» pand dans le monde à mon sujet, et loin que
» cela me fasse de la peine, je loue Dieu de ce
» que les choses sont ainsi, et qu'il me donne lieu
» d'exercer à l'égard de ceux qui ne nous aiment
» pas cette charité si recommandée et si peu con-
» nue qui nous oblige à leur vouloir autant de
» bien qu'ils nous veulent de mal : c'est la dispo-
» sition où, par la grâce de Dieu, je suis à leur
» égard, et ce me serait une véritable joie de leur
» en donner des marques effectives. »

Bien éloigné du pharisaïsme dont on ne rougit pas de l'accuser, Rancé n'imposa aucun fardeau à ses frères dont il ne portât le premier tout le poids, nul point de sa règle qu'il ne prêchât autant par son exemple que par ses discours. Libre, en sa qualité de supérieur, de se livrer à toute l'ardeur d'un zèle que personne ne réprimait, on le voyait toujours le premier à l'office et aux autres exercices, usant avec tant de réserve des alimens grossiers et peu substantiels, des légumes et des racines de la Trappe, qu'on ne comprenait pas qu'il pût se soutenir, choisissant d'ailleurs toujours les travaux les plus pénibles et les plus humilians. Ajoutez à cela le poids accablant de sa charge, la sollicitude de toute la sainte maison confiée à sa vigilance.

Un genre de vie si austère pour un frêle tempérament, si contraire à la vie délicate dans laquelle on l'avait élevé, si opposé aux habitudes de mollesse et de liberté de toute sa vie précédente, devait nécessairement influer sur sa santé; aussi fut-il constamment sujet à des maladies fréquentes et à des infirmités habituelles qui ne furent pas la moins dure de ses pénitences, et néanmoins, chose étonnante et qui paraîtrait incroyable si elle n'était si bien attestée, outre l'exacte observance de sa règle, dont il ne s'exemptait en rien, outre la direction de ses religieux, qui tous se confessaient à lui, les instructions fréquentes qu'il leur adressait, la correspondance qu'il était obligé d'entretenir, soit de vive voix, soit par lettres, avec une multitude de personnes qui recouraient à ses lumières, il sut trouver encore assez de loisir et de forces pour composer de nombreux ouvrages, monumens précieux, surtout pour ses futurs enfans.

Enfin, accablé sous le poids de l'âge, des austérités et des maladies, son corps décharné par tant de souffrances, couvert d'ulcères et en grande partie paralysé, refusant désormais de seconder son âme toujours la même, il fallut céder et se fixer à l'infirmerie; c'est alors qu'il se démit de sa place en faveur de Don Zozime, prieur du monastère. Hélas! ce n'était pas pour y jouir du repos; dans un tel état il n'y avait plus pour lui qu'à souffrir : en proie à de vives douleurs, sa vie fut un continuel martyre et une longue agonie jusqu'à sa bienheureuse mort, qui arriva dans son abbaye, au milieu de ses religieux inconsolables de sa perte, le 27 octobre 1700, la soixante-dix-septième année de son âge et la quarantième de sa dure pénitence.

Cartes de visites faites à la Trappe par les délégués de l'Etroite-Observance de Citeaux.

Les bornes de cet ouvrage ne nous permettent pas de nous étendre sur l'histoire de la Trappe, depuis le berceau de la réforme jusqu'à sa proscription en France. Nous nous bornerons à mettre sous les yeux du lecteur un extrait de plusieurs cartes de visites faites à ce monastère par les supérieurs de l'Etroite-Observance. Rien ne paraît plus propre à faire connaître l'esprit de ferveur qui a constamment animé cette sainte communauté. On verra que ces dignes visiteurs, l'effroi du relâchement, loin de rien trouver à reprendre et à réformer à la Trappe, n'y eurent qu'à admirer; que cette maison leur parut le séjour de la paix, de l'union des cœurs, dans la pratique parfaite de toutes les vertus religieuses portées à un degré sublime.

Première carte.

« Frère Hervé Dutertre, abbé de Notre-Dame
» de Prières de l'Etroite-Observance de l'ordre de
» Cîteaux, vicaire général des monastères dans les
» provinces de Bretagne et de Normandie, etc.
» Savoir faisons que visitant le dévot monastère
» de la Maison-Dieu Notre-Dame de la Trappe,
» accompagné de notre vénérable confrère Dom
» Bernard Corbière, etc., nous avons trouvé les
» religieux si unis ensemble par les liens de la cha-
» rité fraternelle, si uniformes en toutes choses, si
» également portés à leurs devoirs, et si univer-
» sellement zélés pour l'observance régulière, et
» jouissant ensemble d'une si profonde paix, que
» pendant trois jours consécutifs employés à notre

» scrutin régulier, nous n'avons reçu aucune plainte,
» ni des supérieurs contre les inférieurs, ni des in-
» férieurs contre les supérieurs, ni des inférieurs
» les uns contre les autres, et n'y avons aperçu ni
» remarqué, non-seulement aucun mécontente-
» ment, murmure, division, aversion ou dégoût les
» uns des autres, mais non pas même la moindre
» apparence ou ombre de tout cela, dont ils ont
» un très-pressant et indispensable sujet de remer-
» cier continuellement le Seigneur avec nous. Et
» ainsi, tout bien considéré et examiné, nous n'a-
» vons pas cru devoir leur faire aucune ordon-
» nance ni réglement, mais seulement les exhor-
» ter à persévérer.... etc. De tout quoi nous avons
» bien voulu avertir lesdits religieux et le leur
» donner par écrit, afin que, d'un côté, ceux qui
» sont maintenant dans les saintes dispositions où
» nous les avons trouvés s'encouragent de plus en
» plus à s'y affermir, et que ceux qui viendront
» après eux, en étant informés, comme ils pour-
» ront l'être par la présente carte de visite..........
» apprennent quels ils doivent être, en considérant
» l'heureux état où, par la grâce de Dieu, nous
» avons trouvé ceux que la divine Providence a
» choisis pour être les réformateurs et les restau-
» rateurs de la maison, etc., etc.

» Fait et prononcé à la Trappe le 7 février 1676. »

Signé du visiteur et du secrétaire.

Deuxième carte.

« Nous frère Hervé, etc.

» Savoir faisons que visitant le monastère de
» la Trappe.... par le scrutin que nous y avons fait
» pendant trois jours, nous y avons eu cette con-
» solation de reconnaître et d'être obligé d'avouer
» que le doigt de Dieu est dans la maison, et que
» la main même du Seigneur est tout entière avec
» ceux qui y demeurent, pour les soutenir et ap-
» puyer dans la vie pénitente qu'ils y ont embras-
» sée; d'autant plus que tous les religieux, quoiqu'il
» y en ait de fort âgés, et même plus qu'octogé-
» naires, de petite et faible complexion, et in-
» firmes, nous n'en avons trouvé aucun qui nous
» ait rien dit, exposé, ou demandé, ou même insi-
» nué, qui tende tant soit peu au *relâche*, mais
» bien proposé, remontré et demandé d'augmen-
» ter leurs pénitences, austérités et mortifications...
» et entre autres choses qu'on les traitât également
» sains et malades, en sorte qu'on ne leur donnât
» rien d'extraordinaire...... etc.... etc.... Ce que
» nous déclarons et certifions, non pour leur don-
» ner sujet d'en tirer vanité, mais pour les avertir
» de la part de Dieu, au nom duquel nous som-
» mes venu les visiter, qu'ils ont une obligation
» indispensable de l'en remercier toute leur vie....
» et ce qui étant ainsi attesté et certifié par nous

» comme véritable, devant Dieu, nous n'avons
» pas jugé à propos de leur faire aucune nouvelle
» ordonnance.

» Fait et prononcé à la Trappe le 18 septembre
» 1678.

« *Signé* frère HERVÉ. »

Troisième procès-verbal de l'état spirituel de la Trappe, dressé par Dom Dominique Georges, abbé du Val-Richer, supérieur et vicaire-général de l'Etroite-Observance, dans la visite qu'il fit de ce monastère le 16 novembre 1685, et présenté au chapitre général tenu à Cîteaux :

« Sur la fin de notre visite, le 16 novembre 1685,
» j'arrivai à la Trappe, et j'y trouvai le révérend
» père abbé, etc. On nous dit que les religieux
» étaient tous de diverses provinces du royaume,
» et même des pays étrangers, de professions et de
» mœurs très-différentes ; mais la charité les unit si
» parfaitement entre eux qu'ils portent tous ensem-
» ble le joug du Seigneur d'un même esprit et d'une
» même volonté, comme dit le prophète ; car ils
» n'ont qu'un cœur et qu'une âme ; ils ne désirent
» que de mourir au monde et à eux-mêmes, et
» vivre pour Dieu seul ; ils aiment leur abbé.......
» ils mettent toutes leurs délices à lui demeurer
» attachés, à lui faire connaître le fond de leur
» conscience, et à lui obéir en tout ; ce qui fait
» qu'ils jouissent d'une paix profonde, d'un sou-
» verain repos et d'une tranquillité que rien ne

» peut troubler..... Comme la règle l'ordonne, ils
» se rendent les uns aux autres à l'envi toute
» l'obéissance et tout le respect qu'on peut dési-
» rer, sans faire jamais par paroles, par signes ou
» par gestes la moindre contradiction. Cet heu-
» reux accord de volonté les applique aux mêmes
» choses : ils prient et méditent ensemble, ils tra-
» vaillent ensemble, ils offrent ensemble, la nuit
» et le jour, le sacrifice de louanges..... ils sont
» tous exercés par les corrections, les répréhen-
» sions et les humiliations. Que dirai-je? on n'y
» voit qu'une âme qui anime plusieurs corps. Ce
» bonheur inouï et cette charité si parfaite n'ont
» point d'autre source que la pratique sainte du
» silence perpétuel dont la loi est si inviolable,
» qu'ils ne parlent jamais qu'à leurs supérieurs,
» mais si volontairement observée que si on leur
» permettait de parler, ils ne pourraient jamais
» y consentir, comme ils l'ont représenté plus d'une
» fois ; car ils connaissent parfaitement l'excel-
» lence des fruits précieux et inestimables de cet
» arbre de vie..... »

Quel éloge! Et ce sont des visiteurs obligés
très-étroitement de relever et de corriger les
moindres irrégularités, et qui dans les communautés ordinaires remplissaient leurs cartes d'une
énumération sans fin d'abus et de relâchemens auxquels ils s'appliquaient à remédier. Ici ils décla-

rent devant Dieu, qu'ils prennent à témoin, qu'ils n'ont rien à reprendre, rien à corriger, rien à régler….; que tout ce qu'ils désirent, c'est la continuation et la persévérance dans un genre de vie qui les confond d'admiration. Ai-je eu tort d'avancer que rien ne pouvait donner une idée plus avantageuse de ce saint monastère? Ces cartes d'ailleurs peuvent s'appliquer à toutes les époques de la réforme jusqu'à sa suppression.

On voit que ces citations, si elles sont un peu longues, quoique fort abrégées, nous dispensent de bien des détails qui deviennent superflus.

Abbés de la Trappe depuis la réforme.

Le nombre des abbés de la Trappe, depuis la réforme, a été de dix.

Premier. Le réformateur, Armand Jean de Rancé, fut vingt-huit ans abbé commendataire, ensuite trente-deux ans abbé régulier; après quoi, à raison de son âge, de ses infirmités et surtout dans le désir de vaquer plus librement à sa propre perfection, il se démit en faveur du suivant.

Deuxième. Zozime Ier, connu dans le monde sous le nom de Pierre Foisil, né à Bellesme, ne posséda la charge d'abbé qu'environ dix ans, au bout desquels il mourut, l'an 1696, âgé de trente-cinq ans, après quinze ans de profession.

Troisième. François-Armand Gervaise, né à

Paris, d'abord Carme déchaussé, puis Trappiste, il donna sa démission en 1698, après deux ans d'investiture de cette charge, et mourut en 1651.

Quatrième. Jacques de La Cour, né à Soissons, devint abbé en 1698, se démit en 1713, et mourut en 1720.

Cinquième. Isidore, dans le monde Maximilien Dannetière, né à Tournai. D'abord chanoine régulier de Sainte-Geneviève, après avoir été abbé de la Trappe environ treize ans, il mourut en 1727, à l'âge de soixante-six ans, après vingt-deux ans de profession.

Sixième. François-Augustin Gouche, né à Eu, nommé en 1727; il mourut en 1734, âgé de cinquante-deux ans, après dix-huit ans de profession.

Septième. Zozime II (Hurel), du Vexin français, béni en 1735, mourut en 1747, âgé de soixante-dix-sept ans, après quarante ans de profession.

Huitième. Malachie Brun, élu abbé en 1747, mourut en 1766, à l'âge de soixante-sept ans, après vingt-neuf ans de profession.

Neuvième. Théodore Chambon prit possession en 1766. L'époque de sa mort nous est inconnue.

Dixième. Pierre Olivier. Sa bulle de nomination est du 2 janvier 1784. Il était encore à la tête de la communauté lors de sa suppression en 1790.

Intérêt que la Trappe inspire en 1790. — Sa suppression.

A l'époque de l'interdiction des vœux monastiques et de la proscription des maisons religieuses en France, les Trappistes, quoique compris dans cette mesure générale qui porta la désolation jusqu'au fond de leur solitude, eurent cependant un moment l'espoir d'échapper à la destruction universelle. On disait généralement dans les environs que la Trappe serait épargnée; que la charité qu'elle exerçait envers les pauvres et les étrangers, jointe à la modicité de ses revenus, devait la préserver du coup porté aux autres communautés religieuses. Les Trappistes accueillirent avec transport cette illusion, dont on les flattait si vainement. Vers la fin de 1790, ils adressèrent à l'Assemblée nationale un mémoire pour leur conservation. Ils furent appuyés par les délibérations de toutes les municipalités voisines, de Mortagne, de l'Aigle, de Verneuil, de Soligny, etc., et même des districts de l'Aigle, de Verneuil et de Mortagne. Ces districts et ces municipalités s'accordèrent à rendre à la Trappe l'hommage le plus éclatant de l'esprit de piété, de charité et de bienfaisance qui animait cette communauté : tous votèrent pour sa conservation; mais tout fut inutile, et vint échouer contre l'impiété et la haine de la religion qui avaient dicté le décret.

Il n'est cependant pas sans intérêt de voir l'hommage que fut obligé de rendre à cette maison célèbre le conseil général de l'Orne, consulté à ce sujet par l'Assemblée, tout en concluant à la suppression.

« Cette unanimité de sentimens, dit-il par la
» bouche de son rapporteur, ce concert de témoi-
» gnages en faveur de l'abbaye de la Trappe, font
» sans doute l'éloge le plus complet de cette mai-
» son fameuse, et semblent devoir former un mo-
» tif du plus grand poids pour vous déterminer à
» conserver un établissement réclamé par les mu-
» nicipalités voisines, qui, par conséquent, sont le
» plus à portée de l'apprécier et d'en juger l'uti-
» lité. Mais, ajoutait-il, cette apparence est trom-
» peuse, des convenances purement locales, des
» intérêts particuliers, ont seuls déterminé le vœu
» des administrations; elles ont vu les Trappistes
» verser leurs aumônes dans le sein des pauvres ;
» dès-lors, et sans un examen plus étendu, elles
» se sont, par un mouvement de sensibilité, inté-
» ressées à la conservation du monastère. Tout
» porte à penser qu'elles n'ont pas étendu leurs
» vues au-delà de leurs territoires ; elles n'ont pas
» envisagé la Trappe dans ses rapports avec l'es-
» prit de notre constitution ; elles n'ont pas consi-
» déré que les lois, tout en supprimant cette mai-

» son secourable à l'indigence, ne laisseraient pas
» au dépourvu les enfans du besoin..... »

Est-il possible à un ami de la Trappe d'en parler plus honorablement ? qui ne voit que la maison fut frappée uniquement à raison de l'impossibilité où l'on croyait être d'admettre aucune exception à l'anathème général ?

M. Barbotte, depuis député à l'Assemblée, fut le seul des membres du bureau qui vota pour la conservation de la Trappe. L'exposé de ses motifs est vraiment curieux, et s'accorde avec ceux qui guidèrent plus tard Bonaparte. « On rencontre,
» dit-il, des êtres en qui la piété, exaltée au su-
» prême degré, fait un besoin de fuir leurs sem-
» blables. N'est-il pas d'ailleurs des circonstances
» véritablement affreuses et terribles, où la société
» devient insupportable, où le monde est odieux,
» soit que les passions agitent l'âme avec violence
» sous les traits d'un désespoir invincible, soit que
» les remords pénètrent au fond du cœur pour le
» déchirer d'atroces syndérèses ? Dans cette crise,
» c'est un asile sombre et solitaire qu'il faut à
» l'infortuné pour qu'il puisse s'y réfugier contre
» lui-même : deux établissemens pour de tels ma-
» lades, la Trappe et Sept-Fonts ne seraient pas
» inutiles dans un grand empire. C'est un égard
» qu'il faut avoir, une indulgence qu'il faut accor-
» der, une bonté qu'il faut témoigner à la faiblesse
» humaine. »

Le rapporteur étant d'avis que les signatures des Trappistes, apposées à la fin de leur mémoire, avaient pu être extorquées par l'ascendant des supérieurs, le conseil général députa deux commissaires à la Trappe, MM. Le Veneur et Barbotte, chargés de recevoir individuellement et séparément les déclarations de chacun des membres de la communauté. Voici le compte-rendu de leur mission.

« A l'exception de cinq ou six moines (sur cin-
» quante-trois) qui nous ont paru d'un sens très-
» borné, les religieux de chœur ont en général un
» caractère énergique et très-prononcé, que les
» jeûnes et les austérités n'ont point affaibli. La
» religion remplit leur âme tout entière : chez
» quelques-uns (et ils sont faciles à reconnaître
» par les expressions de leurs déclarations), la
» piété est portée au suprême degré de l'enthou-
» siasme. Les autres, en très-grand nombre, sont
» pénétrés d'un sentiment de piété plus calme et
» plus touchant. Ceux-là nous ont paru aimer leur
» état du fond du cœur, et y trouver une tran-
» quillité, une sorte de quiétude qui, en effet,
» doit avoir ses charmes. »

On le voit clairement par ce rapport, les commissaires furent convaincus que les religieux étaient au-dessus de toute influence comme de toute crainte humaine, et que la religion était le seul ressort capable d'agir sur de telles âmes et de dicter leurs déterminations.

Mais la décision irrévocable avait été prise d'avance, et la Trappe fut supprimée avec toutes les autres corporations religieuses.

Dom Augustin de Lestrange détermine les religieux à aller s'établir en Suisse, à la Val-Sainte.

Lorsque le décret de proscription de l'état religieux en France eut retenti comme un coup de foudre jusqu'au fond du désert de la Trappe, et troublé la paix profonde dont il jouissait, le bruit public qui se prononçait pour une exception en faveur de cette maison avait, comme nous l'avons dit, rassuré momentanément la plus grande partie des religieux, mais non dom Augustin, qui devint bientôt abbé et supérieur général de la Trappe. Ce religieux, appelé dans le monde M. de Lestrange, était d'une famille du Vivarais, aussi recommandable par sa piété que par sa noblesse. Alors maître des novices, emploi qui nécessitait de sa part quelques relations avec le monde, il connaissait mieux que les simples religieux ce qui s'y passait, et l'esprit d'impiété qui animait nos révolutionnaires. Il comprit aisément dès-lors que c'était moins encore aux biens de la religion qu'à la religion elle-même qu'on en voulait; qu'ainsi la

Trappe ne serait point épargnée. Vivement ému du danger de ses frères, et surtout de celui qu'allaient courir ces jeunes plantes qu'il cultivait avec tant de soins, lorsque, arrachées du sol si favorisé de cette terre de bénédiction, elles seraient transplantées dans les sables brûlans du monde, et pour ainsi dire privées de cette rosée céleste, il crut devoir tout tenter pour leur conserver un état qui faisait et leur béatitude et leur sûreté. Nouveau Moïse, il crut entendre du buisson ardent de sa brûlante charité la voix de Dieu qui l'appelait à sauver ses frères de la corruption et de la servitude de l'Egypte; et la bénédiction répandue sur ses saints projets prouva bientôt qu'il était digne de leur frayer, loin de l'impiété triomphante, un chemin sûr vers une autre terre de promission, vers les montagnes hospitalières de l'Helvétie.

Mais que d'obstacles à surmonter! que de prodiges de sagesse et de patience à opérer! que d'autres géans à combattre! Par sa constance et sa fermeté, dom Augustin, revêtu de la force d'en haut, vint à bout d'aplanir toutes les difficultés.

Un décret exprès de l'Assemblée nationale ayant dissipé toutes les espérances des Trappistes, en les assimilant aux autres ordres religieux, dès que le supérieur eut fait part de cette triste nouvelle à la communauté, dom Augustin saisit avec empressement cette occasion pour représenter combien il était nécessaire et urgent de chercher dans les contrées étrangères un asile où il leur fût permis de continuer à pleurer, à travailler et à souffrir; d'y former un établissement qui pût servir de retraite à ceux qui voudraient, envers et contre tous, persévérer jusqu'à la mort dans cette carrière de pénitence. Sa proposition ayant été agréée du supérieur, il en obtint la permission de faire signer, à ceux de ses frères qui le voudraient, une requête déjà préparée, par laquelle il demandait au gouvernement suisse l'autorisation de se réfugier dans ce pays. Bientôt la requête fut signée de vingt-quatre, tant religieux que novices, qui devaient composer la colonie. Mais que de difficultés et d'oppositions l'attendaient encore sur son chemin! Plusieurs de ses amis, qui avaient d'abord applaudi à son projet, en vinrent à le blâmer, à l'accuser d'imprudence et de témérité. Bien plus, la plupart de ceux qui avaient signé la requête furent fortement ébranlés et flottaient encore incertains.

Dom Augustin, dans la vigueur de la jeunesse et l'ardeur de son zèle, loin de se laisser abattre, se sentait encore animé par les contradictions mêmes, tant il était convaincu de l'importance et de la sainteté de ses projets. Plein de cet enthousiasme religieux qui fait les apôtres, et dont l'éloquence est si profondément pénétrante, parce qu'elle part d'une âme profondément convaincue, il réunit ses futurs compagnons d'exil au fond des bois, dans la grotte dite de Saint-Bernard, lieu si révéré des Trappistes et si riche pour eux de souvenirs et d'inspirations. C'est là, c'est sur ce théâtre des conférences du célèbre réformateur, qu'en chef habile il harangue ses enfans; que, d'une voix forte et imposante, il leur reproche leur indécision et leur tiédeur; il évoque les grandes ombres des Rancé, des Bernard et des Benoît; il fait parler la règle et les constitutions saintes de ces patriarches des cénobites; il leur montre, au bout de la carrière devant laquelle ils reculent, la vraie terre de promission.

Ce discours eut tout l'effet qu'il s'en était promis. Il n'y eut plus d'hésitation, et le départ fut voté d'acclamation. Après avoir fait agréer la requête par le sénat de Fribourg, avoir été élu supérieur et approuvé dans cette charge par l'abbé de Clairvaux, ayant pris congé et reçu la bénédiction de l'évêque de Séez et de l'abbé de Clairvaux, dom Augustin, accompagné de la colonie, se mit en marche le 26 avril 1791 vers les monts hospitaliers. Ce ne fut pas sans de vives angoisses qu'on s'éloigna de cette Trappe semée de tant de pieux souvenirs, enrichie des tombeaux de Rancé et d'un grand nombre de saints solitaires; de cette vallée arrosée si long-temps des plus douces larmes et de tant de bénédictions du ciel. Mais on était consolé par l'espoir de retrouver ailleurs ce que l'on ne pouvait plus posséder en France.

Qui pourrait raconter tout ce qu'ils eurent à souffrir dans ce long pélerinage? Un sac de nuit renfermant quelques habits religieux et quelques instrumens de pénitence, une mauvaise charrette couverte, plutôt pour les dérober aux regards que pour les garantir des injures de l'air, ce fut tout leur équipage. C'était un spectacle digne d'admiration que cette solitude ambulante où se pratiquaient tous les exercices de la règle : le silence, la lecture, l'office, le chapitre des coulpes, le travail même, qui consistait à préparer de la charpie pour panser les plaies des pauvres quand on serait arrivé à la future habitation.

Après avoir enfin franchi la frontière à travers mille obstacles, et être entrés sur le sol hospitalier, quel touchant spectacle n'offrirent-ils pas aux esprits célestes? Retirés dans le coin d'un bois, pour se livrer aux émotions dont leurs cœurs étaient pleins, ils se donnent d'abord le baiser de paix, s'embrassent très-étroitement pour resserrer encore plus les liens de la charité qui les avaient réunis, ils se jettent ensuite la face contre terre pour adorer le Dieu de l'univers entier, le remercier de leur y avoir fait trouver un lieu pour son service, et de les avoir délivrés des obstacles qui s'opposaient à leur bonheur. Ils entonnent avec solennité et effusion de cœur ces cantiques de David si analogues à leur position.

« Si le Seigneur n'eût été avec nous, lorsque les hommes s'élevaient contre ses serviteurs, ils auraient pu nous dévorer tout vivans (1). »

» Béni soit donc le Seigneur qui ne nous a pas laissés en proie à leur dent cruelle, car notre âme a été arrachée de leurs mains, comme un passereau du filet des chasseurs. Le filet a été rompu et nous avons été délivrés (2). »

Ensuite, priant pour leur coupable et infortunée patrie, à l'exemple du Sauveur, ils conjuraient Dieu de ne pas faire retomber sur elle les crimes de ses enfans.

Puis se tournant vers leur patrie adoptive, ils appelaient sur elle toutes les bénédictions du ciel : « Heureux et béni soit celui qui a de l'intelligence et de l'attention sur le besoin du pauvre et de l'indigent ! que le Seigneur le conserve, le vivifie, et le rende heureux sur la terre (3). »

Arrivés dans une paroisse du canton de Fribourg,

---

(1) *Nisi quia Dominus erat in nobis, cùm exurgerent homines in nos, forte vivos deglutissent nos.* PSALM. 123.

(2) *Benedictus Dominus qui non dedit nos in captionem dentibus eorum. Anima nostra sicut passer erepta est de laqueo venantium. Laqueus contritus est, et nos liberati sumus.* Ibid.

(3) *Beatus qui intelligit super egenum et pauperem... Dominus conservet eum, et vivificet eum, et beatum faciat eum in terra.* PSALM. 40.

à une lieue de la Val-Sainte, terme de leur pélerinage, et lieu choisi pour fonder la nouvelle Trappe, ils se font à la hâte une croix de bois, se mettent processionnellement en marche sous cet étendart, en chantant des hymnes et des cantiques, surtout ceux de la dédicace, jusqu'au lieu si désiré. Là, dans un vallon solitaire beaucoup plus profond que celui de la Trappe du Perche, dans une chartreuse depuis long-temps vacante, au milieu des montagnes dont les sommets se perdent dans les nues, la pieuse colonie fonda le nouveau monastère qui devint le chef-lieu des autres colonies de Trappistes, jusqu'à l'époque de la restauration. Non-seulement ils conservèrent dans toute sa pureté l'observance de la réforme, mais encore, d'un consentement unanime, ils crurent devoir embrasser une observance plus étroite. Dans le saint élan de cet enthousiasme qui les avait portés à tout tenter pour sauver leur institut du naufrage où avaient péri les autres ordres religieux, après une retraite qui eut lieu pour attirer la bénédiction du ciel sur cette entreprise, on tint une suite de chapitres, où l'on choisit, à la pluralité des voix, pour le réglement du monastère, ce qui parut de plus clair dans la règle de saint Benoît, de plus pur dans les us et constitutions de Cîteaux, de plus vénérable dans le rituel de l'ordre. C'est cette suite de décisions qui a été appelée la réforme de la Val-Sainte.

La bonne odeur des vertus de ces fervens solitaires se répandit bientôt au loin, les feuilles publiques elles-mêmes rendirent hommage à tant de courage et de sainteté. En peu de temps, l'affluence des étrangers devint considérable, et le nombre des postulans s'accrut si fort, qu'en 1794 on dut s'occuper à envoyer en d'autres contrées plusieurs nouvelles colonies, pour y transplanter le détachement le plus parfait du monde et l'amour le plus ardent pour la croix. L'Espagne, l'Angleterre, la Belgique, le Piémont, s'empressèrent à l'envi d'en demander; et ces divers asiles de la Trappe devinrent bientôt à leur tour florissans.

Cette nouvelle réforme d'un ordre qui avait fait, dès son origine, l'un des plus beaux ornemens de l'Eglise, conduite avec tant de sagesse, dans des circonstances si difficiles, et qui commençait à prendre de si rapides accroissemens, ne pouvait manquer d'attirer l'attention du père commun des fidèles. Par un bref du 30 septembre 1794, Pie VI donna à son nonce, en Suisse, les pouvoirs les plus étendus pour ériger en abbaye de leur ordre et de leur congrégation réformée de la Trappe, le nouvel établissement de ces religieux à la Val-Sainte. L'élection de l'abbé en la personne de Dom Augustin y eut lieu selon les constitutions, et fut ratifiée par le nonce de Sa Sainteté, qui donna à dom Augustin tous les pouvoirs dévolus à l'abbé, non-seulement sur le monastère de la Val-Sainte, mais aussi sur toutes ses filiations.

Dans la suite, le torrent révolutionnaire ayant débordé, et les Français s'étant emparés de la Suisse, il fallut se résoudre à une nouvelle émigration. Nous ne suivrons pas dom Augustin dans ses divers voyages. Après avoir erré en Allemagne, en Russie, en Pologne, en Danemark, où le jeta la tourmente, et avoir fondé diverses communautés d'hommes et de femmes, il vint se réunir de nouveau à une partie de ses enfans, à la Val-Sainte, en 1802.

Dispositions favorables de Napoléon à l'égard des Trappistes.

A cette époque, la France, après avoir été déchirée par mille factions, commençait à respirer un peu sous un gouvernement plus ferme qui avait rétabli la tranquillité : c'était sous le despotisme impérial. Dom Augustin se hasarda d'aller trouver Bonaparte devenu empereur ; il en fut assez bien accueilli. Napoléon n'hésita pas à reconnaître l'utilité et même la nécessité de ces maisons. Dès 1806 un établissement de la Trappe existait dans la forêt de Gros-Bois, commune d'Hyères, à six lieues de Paris. La malignité cherchant, à l'aide de la calomnie, à détruire cette maison qui lui portait ombrage, s'efforça de la rendre suspecte au gouvernement. Aussitôt des commissaires furent envoyés pour y faire la visite. Après les informations les plus exactes, les agens du gouvernement dressèrent un procès-verbal dans lequel ils déclarèrent que, loin d'être opposée au bon ordre, de troubler le repos public, cette maison était au contraire d'un grand effet pour les bonnes mœurs, que ses habitans étaient des hommes paisibles et laborieux qui menaient une vie très-frugale, très-occupée et très-régulière, et qu'il serait à désirer que chaque département en possédât une semblable pour l'édification et le bon exemple. On ignore si cette pièce fut la cause qui porta Bonaparte à apprécier et approuver la Trappe. Ce qu'il y a de certain, c'est que, sur la proposition qui lui fut soumise au Conseil d'Etat s'il fallait laisser subsister la Trappe, il répondit *qu'il fallait un asile aux grands malheurs, et un refuge aux imaginations exaltées.* Ces paroles sont consignées dans les registres du Conseil. Plusieurs maisons furent conséquemment données en France à dom Augustin. Bonaparte lui-même fonda une maison de Trappistes au Mont-Genève, qu'il dota d'une rente annuelle sur l'Etat de 30,000 fr., pour fournir aux frais qu'occasionerait le passage des militaires qui étaient reçus et soignés dans cette maison. Il donnait aussi 10,000 fr. à une autre maison du même ordre, établie à la Cervara près Gênes. Comme il était fort satisfait de la tenue de ces établissemens et de la manière dont on y traitait ses soldats lorsqu'ils y venaient demander l'hospitalité, il témoignait toute sorte de bienveillance aux supérieurs. Malheureusement, cet accord fut rompu en 1811. L'empereur ayant fait demander au supérieur particulier de la Cervara un serment dont j'ignore la formule, le supérieur l'accorda; mais plus tard, ayant cru qu'il avait blessé sa conscience, il le rétracta. Dès que l'empereur eut connaissance de cette rétractation, il laissa éclater sa colère, et pour punir les scrupules bien ou mal fondés d'un seul homme, il s'emporta contre l'ordre entier. Dom Augustin, en sa qualité de premier supérieur, devint l'objet principal de sa haine; persécuté par le despote, incarcéré d'abord, puis sa tête mise à prix, sa vie ne fut plus qu'un tissu de dangers et de traverses jusqu'à la restauration en 1815. Dans l'intervalle il avait passé en Amérique, y avait établi deux maisons principalement consacrées à l'éducation de la jeunesse. Plusieurs des Pères employés à la conversion des Illinois avaient péri victimes de leur zèle et de la barbarie de ce peuple sauvage.

Enfin, après l'abdication de Bonaparte, dom Augustin s'embarqua pour revenir en France avec la majeure partie de ses enfans. Son premier soin fut de racheter la maison de l'ancienne Trappe, berceau de la réforme, où il rappela une partie des religieux rentrés depuis peu à la Val-Sainte. L'autre partie fut envoyée à Aigues-Belles, diocèse de

Valence; les religieux revenus d'Amérique se fixèrent à Bellefontaine, diocèse d'Angers, et ceux d'Angleterre à Melleray, diocèse de Nantes.

Mort de dom Augustin de Lestrange.

Mandé bientôt à Rome, sur des plaintes adressées au saint Siége par des évêques de France, dom Augustin courut protester aux pieds du vicaire de Jésus-Christ de sa soumission entière à tout ce qu'il lui plairait d'ordonner, soit pour changer, soit pour mitiger sa réforme que l'on trouvait excessivement austère. Le souverain pontife lui donna de grandes marques de bienveillance; après quoi, dom Augustin, ayant terminé l'objet de son voyage et reçu la bénédiction de Sa Sainteté, revint en France, mais pour y mourir presqu'aussitôt après son arrivée à Lyon. Frappé dans cette ville d'une maladie, suite d'une chute négligée, après avoir reçu les sacremens de l'Eglise avec de grands sentimens de foi et de piété, il s'endormit paisiblement dans le Seigneur, le 16 juillet 1827, à l'âge de soixante-douze ans, et fut enterré dans la communauté de ses pieuses filles, les sœurs Trappistines de Lyon.

La réforme dite de la Val-Sainte, du lieu où elle fut établie, a été en vigueur à la grande Trappe, depuis la rentrée des Trappistes en 1815. Au reste, ces réglemens, recueillis et dressés en Suisse, plutôt que composés, diffèrent peu, des constitutions données d'abord par M. de Rancé. Seulement il y a plus d'austérité encore : ce ne sont point, d'ailleurs, des innovations ; on n'a fait que rajeunir les anciennes règles et donner une nouvelle vigueur à la vieille législation monastique de saint Benoît et de saint Bernard. Après avoir donné plus bas un extrait succinct de ses observances, pour en faire connaître les dispositions les plus remarquables, nous dirons en quoi consiste ce surcroît d'austérité ajouté à la règle de M. de Rancé.

Restauration du monastère de la Trappe.

Le calme avait succédé à la tempête révolutionnaire. Dispersés comme de faibles colombes par l'affreux ouragan, après avoir erré de royaume en royaume et signalé leur exil par la fondation de divers monastères, jusque parmi les sauvages du Canada, les Trappistes purent enfin rentrer sur le sol de la patrie que, malgré ses rigueurs, ils n'avaient jamais oubliée. Leur premier soin fut de racheter cette antique Trappe du Perche, leur berceau, et qui leur était si chère à tant de titres. Hélas ! elle était méconnaissable. Il ne restait de l'ancien monastère et de sa belle église qu'un amas de pitoyables débris abandonnés aux oiseaux de proie qui y cachaient leurs nids, et aux renards qui y creusaient leurs tanières. Le lierre des ruines et les ronces sauvages festonnaient seuls ce sanctuaire autrefois si vénéré. Depuis long-temps l'encens de la prière ne s'élevait plus vers le ciel comme un parfum d'agréable odeur, de ce désert devenu muet; le chant des sacrés cantiques n'y était remplacé que par le cri lugubre du hibou. Que dirai-je? La fureur des vivans qui s'étendait jusqu'aux morts les avait arrachés à l'asile où ils dormaient en paix dans l'attente de la résurrection générale. Il eût fallu, en un mot, toutes les larmes de Jérémie pour déplorer le sort de cette moderne Sion, et les sombres pinceaux de ce prophète pour en retracer le tableau.

Voilà la Trappe telle que la révolution l'avait faite, et telle que les religieux la trouvèrent à leur retour; et dans ce déplorable état, elle leur fut plus précieuse, sans comparaison, que tout autre monastère. Une mauvaise grange convertie en chapelle provisoire et dont la pauvreté retraçait l'étable de Bethléem, servit à la célébration des saints mystères. Quant aux religieux, ils se logèrent, comme ils purent, dans des étables et autres bâtimens d'exploitation échappés à la dévastation du monastère. On se figurerait difficilement tout ce qu'ils y eurent à souffrir de la gêne d'un si étroit réduit, de la rigueur de l'hiver et des ardeurs de l'été. La souffrance n'effraie guère le Trappiste. L'excès cependant pourrait rebuter les aspirans, et lasser la vertu naissante des novices. D'ailleurs, le défaut de logement n'eût permis d'en recevoir qu'un nombre trop borné. On fut obligé de s'en tenir là pendant bien des années, la pauvreté de la maison ôtant tout moyen d'en faire davantage. Enfin, pleins de confiance en Dieu, les religieux entreprirent, il y a environ quatre ans, de relever leur antique et célèbre monastère. Après qu'on eut arraché la partie de forêt qui avait envahi l'emplacement de l'ancienne église, monseigneur Saussol, évêque de Séez, vint poser et bénir solennellement la première pierre de la nouvelle. Depuis, les Trappistes n'ont cessé d'y travailler avec une ardeur incroyable et qu'aucun événement politique n'a pu ni arrêter ni refroidir.

C'était un spectacle aussi pittoresque qu'édifiant de les voir ainsi appliqués, chacun selon son industrie, à la restauration si désirée, les uns faisant l'office de maçons, les autres de charpentiers; ceux-ci préparant le sable et la chaux, ou transportant les divers matériaux; ceux-là faisant la corvée et servant de manœuvres. Les grandes commotions qui, à cette époque, ébranlèrent le sol de la France, ne purent ébranler leur résolution. On put les blâmer, crier à la témérité; on put penser que pour l'exécution d'une telle entreprise, dans des temps si orageux, comme jadis pour la reconstruction des murs de Jérusalem, le bouclier ne deviendrait pas moins nécessaire que les instrumens de travail, afin de protéger d'une main ce que l'on édifierait de l'autre. Rien ne fut capable d'arrêter ces hommes de foi qui, cependant, ne connurent jamais d'autres armes que celles de l'Evangile, d'autre épée que la prière, d'autre bouclier que la confiance en Dieu.

Consécration de la nouvelle Eglise de la Trappe.

Une telle constance devait être couronnée de succès, et il sera sans doute complet, grâce à la générosité des fidèles. Déjà la nouvelle église est achevée et remplace la chapelle provisoire qui croulait de vétusté. C'est le 30 août 1833 que le vénérable pontife déjà cité, premier pasteur et vrai père des Trappistes, a eu, malgré son grand âge et ses infirmités, la consolation de consacrer, avec toute la solennité d'usage, ce nouveau temple au Seigneur. Les circonstances de cette auguste cérémonie sont si intéressantes qu'elles ont paru dignes d'être publiées pour la gloire de la religion. Rien de plus propre à montrer la force et la vertu de cette divine institution, à qui seule il appartient de former les sociétés, de civiliser les peuples, de réunir les cœurs et de rendre les hommes heureux.

Selon les anciennes constitutions de Cîteaux, l'entrée des monastères d'hommes est, comme on le sait, absolument interdite aux femmes. Il y a cependant une exception, mais unique, à cet interdit aussi sage que sévère, c'est la circonstance de la dédicace d'une église dans une maison de l'ordre ; alors la porte s'ouvre indistinctement aux fidèles de l'un et de l'autre sexe, afin de donner à chacun la faculté de satisfaire sa dévotion en visitant l'église, et de gagner les indulgences attachées à cette cérémonie. On connaissait dans le monde cet ancien usage, et long-temps avant que le temple en question fût achevé, les dames des villes voisines, ainsi que les villageoises de la contrée, se faisaient une fête de pénétrer dans ce sanctuaire inaccessible pour elles en tout autre temps. Dans la crainte qu'une trop grande affluence de monde dans l'enceinte de leurs murs ne donnât lieu à quelques désordres, les religieux avaient eu soin de cacher le jour fixé pour la cérémonie ; mais l'attention publique était trop éveillée pour qu'il fût possible de la tromper : la piété et la curiosité montaient, pour ainsi dire, la garde aux portes du monastère, afin d'épier le moment en observant les préparatifs de la fête. Aussi dès que le soleil eut éclairé le jour où elle devait avoir lieu, tous les chemins qui conduisent à l'abbaye furent couverts de monde et encombrés de voitures. Avant huit heures du matin, une foule immense attendait devant le portail le prélat consécrateur qui devait venir de Mortagne. Il arrive enfin ; les portes s'ouvrent, la multitude impatiente se précipite, mais sans désordre, et pénétrée du sentiment religieux mêlé d'une sainte terreur qu'inspire une terre consacrée par les héroïques vertus de tant de pieux solitaires. Arrivé à la première cour, le prélat s'incline sur un prie-dieu qui y était préparé, tout rayonnant de joie de se voir au milieu de cette portion si chère de son troupeau, et pour une cérémonie qui allait mettre le comble aux vœux de ses dignes enfans que ravissait déjà la présence de leur père.

Ce digne prélat baise le crucifix que lui présente le supérieur, bénit l'encens, reçoit l'aspersoir qu'il porte à son front vénérable, et répand sur le peuple l'eau sainte qui doit le purifier. Alors le supérieur entonne le *Te Deum;* toute la communauté et un clergé nombreux poursuivent le saint cantique, l'écho des bois le répète, et tout retentit des louanges du Seigneur. Qui pourrait peindre l'allégresse qui brille sur tous les visages, l'émotion qu'éprouvent tous les cœurs?

Le pontife est conduit sous le dais suivi de tous les religieux, d'environ une centaine d'ecclésiastiques et d'une foule immense de fidèles. On s'avance processionnellement, en continuant l'hymne de louange, vers le temple à consacrer au Très-Haut. Arrivé devant le portail du nouveau sanctuaire, on débute par la récitation des psaumes pénitentiaux, afin que, purifiés par la componction, les assistans soient plus dignes de pénétrer dans le saint des saints.

« Ouvrez-vous, portes sacrées, c'est le pontife

» de Dieu, le héraut du grand Roi qui vient lui
» préparer dans cette enceinte un trône et un ta-
» bernacle. Recevez l'onction sainte, murs augus-
» tes, croix mystérieuses, autels vénérables, que
» tout ici soit saint, c'est la demeure du Dieu de
» sainteté. Et vous, hommes profanes, cœurs souil-
» lés, gardez-vous d'approcher sans l'onction du
» repentir. Ce lieu est terrible; ce n'est rien moins
» que la maison du Dieu trois fois saint, et la
» porte du ciel. »

Les assistans, en effet, sont tous saisis et pénétrés d'une terreur religieuse. Ils sentent leur im-
puissance à soutenir le poids de la majesté divine
et à honorer dignement son entrée solennelle. Ils
invitent à grands cris toute la cour céleste à venir
suppléer à leur insuffisance. « Accourez sur vos
» ailes légères, anges, archanges, trônes, princi-
» pautés, vertus; vous surtout, chérubins et sé-
» raphins, venez nous prêter vos accens et nous
» enflammer avec le charbon ardent dont vous
» purifiâtes les lèvres du prophète.

» Accourez aussi, saints patriarches, prophètes,
» apôtres, confesseurs, martyrs; descendez un
» instant du céleste séjour. Nous avons à recevoir
» et à honorer, faibles mortels, le même Dieu
» dont vous êtes les éternels courtisans. Venez ani-
» mer notre tiédeur, soutenir notre faiblesse et
» ennoblir nos hommages. »

Moins indignes, sans doute, que la foule qui

les entouraient, mais plus humbles encore, et plus pénétrés de leur néant, les religieux invoquaient avec ardeur et confiance les saints de leur ordre.

« O bienheureux Pères qui nous avez engen-
» drés à la vie pénitente, saint Benoît, saint Ber-
» nard, saint Etienne, pourriez-vous ne pas par-
» tager la joie de vos enfans? Sortez de vos
» tombeaux, vous qui dormez au milieu de nous,
» dans cette terre que vous avez sanctifiée, véné-
» rable réformateur, nos frères, nos modèles; soyez
» aujourd'hui surtout nos protecteurs. Aidez-nous
» à bénir et à remercier le Dieu de bonté qui va
» se fixer parmi nous. »

Ces vœux si ardens sont exaucés. Les voûtes du sanctuaire éternel s'ouvrent, les cieux s'abaissent; le Très-Haut descend jusqu'à ses faibles créatures, l'Emmanuel vient habiter le désert. La consécration et la sanctification du nouveau temple se consomment par l'auguste sacrifice qui doit s'y renouveler tous les jours. L'Homme-Dieu y habite corporellement sous les voiles eucharistiques. C'est désormais son tabernacle, le trône de son amour et de ses grâces. *Amen! alleluia!*

Durant toute cette longue et fatigante cérémonie, le vénérable évêque, soutenu par sa piété et son affection toute paternelle pour les religieux, a montré une constance et un courage au-dessus de ses forces. Le lendemain de la dédicace, il a béni la cloche et donné la confirmation, dans la nouvelle église, à un millier de jeunes gens qui, tous rangés sous les bannières de leurs paroisses, étaient venus, en chantant de pieux cantiques, processionnellement à la Trappe, accompagnés de leurs parens et précédés de leurs pasteurs.

L'affluence a continué toute la neuvaine, et même allait toujours croissant, à mesure que les cent voix de la renommée répandaient la nouvelle des priviléges attachés à cette dédicace. On peut dire que pendant ces neuf jours, et surtout pendant les derniers, le vallon de la Trappe offrait l'image de la fameuse vallée du jugement, alors que s'y tiendront les dernières assises du genre humain. On a vu, sans exagération, plus de vingt mille personnes de tout âge et de tout sexe, sans distinction de rang, d'état et d'opinions, accourir à cette pieuse cérémonie, oublier tout le reste pour s'arrêter aux sentimens que la religion inspire. Jamais on ne vit mieux quel est l'empire de la vertu que dans ce lieu où elle semble avoir fixé son séjour. Elle y a fait taire toutes les passions, gagné tous les cœurs et attiré tous les hommages. Tous ont fléchi le genou devant son autel, et un concours si nombreux n'a pu donner lieu au moindre désordre. Les autorités, prévenues à l'avance, avaient dissipé à cet égard les craintes du supérieur, et promis au besoin leur concours. Il n'a pas été nécessaire. Le maire de la commune de Soligny, autant par bienveillance pour la maison que par amour du bien public, avait eu la précaution de se munir de ses insignes ; il n'a pas eu un instant la pensée de s'en revêtir, l'ordre le plus parfait ayant constamment régné à la grande satisfaction des religieux et à l'édification de tout le monde.

Réflexions inspirées par cette cérémonie.

A côté du nouveau monastère, on voit encore quelques pans de mur qui, soutenus par le lierre, restent debout comme échantillon des anciennes ruines. Ainsi sur cet étroit théâtre, le passé et l'avenir venaient se confondre avec le présent dans l'esprit du spectateur attentif. Que de pensées diverses s'offrirent au mien ! que de sentimens se pressaient dans mon cœur ! Au spectacle d'une cérémonie déjà si frappante, se joignait dans mon imagination une scène invisible d'un plus grand intérêt encore.

A gauche, au-dessus de l'assemblée, semblait apparaître un spectre affreux, dégoûtant de sang, aux traits sombres et farouches, à l'œil menaçant..... c'était la révolution de 93, frémissant de rage de ce qu'en édifiant ainsi on ruinait son ouvrage. A droite on croyait voir planer les grandes ombres des Bernard et des Rancé.... A leurs traits vénérables, à leur face rayonnante, plus encore qu'à l'éclatante blancheur de leur tunique, on reconnaissait le saint restaurateur de l'ordre monastique et l'illustre réformateur de la Trappe.

La céleste sérénité de leur front, le sourire de leurs lèvres, leurs mains étendues sur l'assemblée, tout, dans l'image qu'on s'en traçait, faisait penser qu'ils applaudissaient à la touchante cérémonie ; qu'ils voyaient avec complaisance dans les Trappistes de dignes enfans et le germe d'une postérité de fervens disciples.

L'esprit se reportant de là sur les nombreux assistans, dont l'attitude et le recueillement extérieur annonçaient le sentiment religieux qui les pénétrait jusqu'au fond du cœur : Non, se disait-on avec transport, non, elle n'est point morte l'antique foi de nos pères ; le souffle de l'impiété n'a pas encore éteint le feu sacré ; elle n'a point entièrement desséché ce grand arbre de vie qui étendait ses vigoureuses racines dans toutes les provinces de notre France : avec des soins et de la culture, il peut reverdir encore et se couvrir, comme autrefois, de fleurs et de fruits abondans.

Du spectacle de cette foule immense de personnes si différentes de principes, d'opinions, de rang et de mœurs, mais que la religion réunissait alors en un même lieu et en un même sentiment, mon esprit allait planant sur le vaste théâtre du monde, aux scènes si turbulentes et si variées ; s'arrêtant plus particulièrement sur la France, il considérait avec amertume de combien de malheurs et de crimes, de guerres et de dissensions, de larmes et de sang, ce beau royaume avait payé le mépris de la religion et l'oubli de ses bienfaits. Il voyait cette tourbe de soi-disant philanthropes s'apitoyer sur le sort de la patrie, tâter gravement le pouls à ce grand malade, convenir de la gravité de son mal, et assurer néanmoins, du ton le plus tranchant, qu'au moyen de leur spécifique ils répondaient d'une prompte et entière guérison. Charlatans sans pudeur, qui pourrait, après tant et de si funestes essais, croire encore aux promesses que depuis si long-temps vous débitez au public du haut de vos tréteaux? Puisant vos moyens curatifs en dehors de la religion, que pourriez-vous offrir que de vains palliatifs aux maux trop réels de la société? C'est tout au plus si, en épuisant les ressources de votre art, vous réussissez à couper quelques ramifications du mal cancéreux dont les racines repulluleront bientôt plus rongeantes et plus fécondes en ravages.

Cependant j'apercevais des politiques réputés habiles, mais au fond vrais apothicaires de nos charlatans, ne composant leurs drogues et le traitement sanitaire des peuples que d'après les prescriptions de ces médecins philosophes. Aveugles volontaires qui, dédaignant l'expérience de tant de siècles, prétendent remplacer avantageusement la religion par la philosophie, la foi par le raisonnement, la morale de l'Evangile par la philanthropie du jour. Les insensés! Ils ne voient pas qu'avec des opinions sans croyance, une morale sans dogmes, des lois sans sanction, ils placeraient en l'air l'édifice de leur nouvelle société. En vain voudraient-ils l'appuyer sur l'échafaud, le cimenter avec le sang, lui donner la protection du bourreau, Hélas! ils décimeraient, ils anéantiraient le genre humain, avant de le régénérer.

Ne serait-il pas temps de rendre enfin hommage à la religion, de faire amende honorable au seul principe vraiment conservateur et régénérateur? Elle pourrait encore cicatriser toutes les plaies, remédier à tous les maux, ressusciter même au besoin le cadavre de la société. Donnée par le Créateur à l'homme enfant, comme moyen nécessaire et efficace de civilisation, de perfection et de stabilité, c'est à elle et à elle seule, selon la signification même du mot, à réunir les enfans de la grande famille, par les liens de l'amour fraternel, dans la soumission à la volonté du père commun, base essentielle de toutes les lois ; c'est à elle à déterminer avec sagesse et précision les règles des divers états de la société, à les coordonner tous avec le bien général, à en assurer l'accomplissement par une sanction toute puissante ; c'est à elle à inspirer aux individus des motifs seuls capables d'établir solidement le règne de l'ordre et de la justice, sur les ruines de l'égoïsme, source de tout mal, et à garantir ainsi la subordination nécessaire, la vraie liberté, la paix et le bonheur de tous. Oh! religion sainte, tu n'es dédaignée qu'autant que tu es méconnue! que ne m'est-il donné de mettre sous les yeux de tous, comme il est sous les miens, l'échantillon de ce que peut, pour l'union et la félicité des hommes, cette fille du ciel, là où rien ne s'oppose à sa salutaire influence.

Voyez la Trappe, cette petite république où la foi règne sans obstacles et sans résistance. Pleinement soumis à son empire, ces hommes de tout pays, si différens entre eux, d'éducation, d'habitudes, de talens et de caractères, ne forment qu'une nombreuse famille de frères plus étroitement unis par les liens de la charité qu'ils ne pourraient l'être par les liens du sang. Tous ils n'ont qu'un même intérêt, et, comme les premiers chrétiens, qu'un cœur et qu'une âme. Là les supérieurs s'appellent *pères;* et ce n'est pas un vain nom, ils en ont toute la sollicitude et la tendresse envers leurs inférieurs. Ceux-ci les paient de retour, et se montrent à leur égard pleins du respect et de la piété filiale. S'ils se donnent les uns aux autres le doux nom de frères, voyez-les aussi se respecter, se chérir, se prévenir mutuellement et à l'envi par tous les témoignages de l'amitié fraternelle. Chacun, dans cette parfaite communauté, faisant son bonheur de celui des autres, et son affliction de leurs propres douleurs, on les voit tous, selon les termes du grand Apôtre, pleurer avec celui qui pleure, se réjouir avec celui qui se réjouit. Sainte et heureuse famille, si les autres vous ressemblaient, la terre offrirait l'image du ciel où tous les esprits sont réunis à jamais dans la vue de l'éternelle vérité, tous les cœurs dans l'amour du bien souverain.

Voilà une partie des réflexions qui m'occupaient, comme malgré moi, et partageaient mon attention, durant la longue cérémonie de cette dédicace à jamais mémorable dans les fastes de la Trappe. Si elle n'a pas offert l'éclat et la pompe de celle du fameux temple de Salomon, elle n'a produit ni une allégresse moins vive ni des impressions moins durables. Les sublimes cantiques composés pour celle-là ont été répétés à celle-ci avec moins d'appareil et de mélodie, mais avec la même jubilation et les mêmes transports. Ici on a immolé moins de victimes, mais de plus dignes. Outre la divine hostie dont les anciennes n'étaient que de faibles figures, chaque religieux se dévouait corps et âme au Seigneur, bien résolu à ne reprendre jamais une seule goutte du sang ni de la graisse une fois offerts en holocauste.

Impressions que produit sur le public la visite de l'intérieur de la Trappe.

La nouvelle église, bâtie sur les fondemens de l'ancienne, a attiré l'admiration de tout le monde par sa majestueuse simplicité et par la nouveauté de son architecture. M. Poitier de Mortagne, qui en a donné le plan et dirigé les travaux, a reçu les félicitations les plus flatteuses sur un travail d'une si parfaite exécution ; complimens d'autant mieux mérités que l'habile architecte n'a voulu pour ses honoraires qu'une participation spéciale aux prières de la communauté. Honneur à l'homme qui fait un aussi digne usage de son talent !

Le monastère, élevé sur les ruines du précédent, mais plus haut d'un étage, prouve aussi que le bon goût règne chez ces hommes que la prévention voudrait faire passer pour des sauvages, étrangers aux progrès des arts et de la civilisation. Quoiqu'il ne soit pas encore achevé à l'intérieur, on reconnaît déjà que tout y est de la plus sage distribution.

On ne pouvait revenir de son étonnement, en considérant tout ce qui s'est fait à la Trappe en si peu de temps et dans des circonstances si difficiles. Un motif bien louable animait en outre ces hommes que la vivacité de leur foi élève au-dessus de toutes les considérations humaines : c'était le désir de se rendre utiles à la contrée, en occupant des bras désœuvrés, durant cette longue suspension de travaux qui plongeait dans la misère les familles de tant de malheureux ouvriers. Cette sorte de charité n'est pas la moins sage ni la moins délicate.

Combien les Trappistes ont gagné sous plusieurs rapports à cette irruption passagère du monde dans leur désert ! Certes, on ne leur reprochera plus, ceux du moins qui les ont visités, ni l'oisiveté monacale, ni un isolement d'égoïstes et de misanthropes. Il suffit de pénétrer dans ce vallon solitaire pour voir que tout y est vivifié par l'amour du travail et par la charité la plus compatissante. Ce sol naturellement aride et rebelle, ils l'ont converti, à force de culture et de soins, en gras pâturages, en prairies fertiles, et en champs qui se couvrent tous les ans des plus riches moissons de la contrée.

Quoique ruinée par la révolution de 93 et encore fort pauvre, n'ayant pu racheter qu'une bien faible portion des terres dont on l'a dépouillée, la Trappe n'est pas aujourd'hui moins hospitalière ni moins libérale envers les indigens qu'aux temps de son antique splendeur. Tous les jours on la voit rompre le pain de l'hospitalité à bon nombre de voyageurs et de pèlerins ; tous les jours, à certaines heures, on est sûr de trouver la clôture cernée de malheureux incapables de gagner leur vie, mais qui n'y réclament jamais vainement leur pain quotidien. Je voulus, dans une occasion, adresser la parole à ces infortunés; tous, d'une voix, me dirent en levant les yeux en haut : Que le ciel soit béni! il nous a donné dans cette sainte maison une mère nourricière, une seconde providence!

Pour faire partager à ces malheureux la joie de la fête, les religieux les régalèrent en grand nombre le dimanche 1er septembre. Dès la veille, le bruit avait couru dans les bourgades voisines qu'il y aurait pour eux, ce jour-là, *grand gala* à la Trappe; aussi y vit-on accourir, comme au festin de l'Evangile, tout ce qu'il y avait aux environs, d'aveugles, de boiteux et d'estropiés, à qui leur misère trop visible tenait lieu de robe nuptiale et de titre d'admission. Ils trouvèrent en effet un régal excellent et copieux, auquel le dessert ne manqua pas, non plus que l'appétit. Mais ce qui toucha le plus les assistans et les convives, c'est que ceux-ci furent servis par le supérieur aidé de quelques-uns de ses frères, qui exercèrent cet office de charité avec une joie, un épanouissement de bonheur qu'on ne saurait exprimer, qu'on ne peut même concevoir si l'on ne met soi-même sa félicité à faire des heureux, et si l'on ne voit dans les pauvres, des frères et les membres souffrans de Jésus-Christ.

Autant nos pieux cénobites sont tendres et compatissans envers les autres, autant ils se montrent durs et inexorables envers eux mêmes. Quelle pauvreté dans leurs meubles et leurs habits! quelle frugalité, ou plutôt quelle austérité dans leurs repas! C'est ce contraste qui frappait tout le monde : tout en régalant les autres et jusques aux mendians; ils n'eurent garde pour eux-mêmes de rien retrancher à la rigueur de leurs jeûnes et de leur sévère abstinence. En cette circonstance de la dédicace de leur église, solennité unique qui les comblait d'une joie ineffable, et que le monde même venait célébrer avec eux, quelques légers adoucissemens eussent été, ce semble, bien légitimes, convenables même. Mais non : ni à cette cérémonie, ni aux fêtes les plus solennelles de l'année, telles que Noël et Pâques, jamais un verre de vin ou de cidre, jamais œufs ni poissons, ni aucun assaisonnement aux légumes et aux racines de leur désert. Leur joie est toute spirituelle et céleste; rien de plus pour la nature qu'un surcroît de veilles, de peines et de fatigues.

Tous les visiteurs, hommes et surtout femmes, usèrent largement, et parfois, peut-être, à outrance, de la liberté de voir les lieux réguliers. Partout on remarquait de l'ordre et une grande propreté, mais aussi un luxe de pauvreté et de rigueur à faire peur aux moins timides en ce genre. Le dortoir et le réfectoire surtout, à combien de personnes n'arrachèrent-ils pas des larmes, mais d'admiration encore plus que de compassion ! J'en ai vu répandre avec abondance; j'ai vu des personnes baiser, par un respect religieux, le pavé des cloîtres, le plancher de la vieille église, après les avoir arrosés de leurs pleurs; j'en ai vu recueillir précieusement la poussière de ces lieux sacrés, l'envelopper et la serrer avec soin. Par le même enthousiasme de piété, plusieurs objets semblables qui parlaient aux âmes attendries ont été pris et emportés jusque dans la capitale. La fameuse grotte de saint Bernard a été surtout l'objet de ces vols pieux; on l'a presque démolie pour en tirer des souvenirs. Tel est l'empire souverain, naturel et exclusif de la vertu sur tous les cœurs. Ces personnes que la curiosité ou l'intérêt attirent aussi en foule aux palais des grands de la terre, pourront être éblouies de la magnificence des édifices, de la richesse et de la somptuosité des ameublemens, de l'éclat de l'or et des pierreries; mais à coup sûr il ne leur viendra pas à la pensée de ramasser la poussière sous les pas les plus augustes : c'est un hommage que le bon sens le plus commun réserve à la seule sainteté, dont par là il élève le trône au-dessus de tous les trônes.

La pharmacie de la Trappe, qui est plutôt celle des pauvres du pays, a attiré l'attention du public; mais surtout la salle de médecine du célèbre docteur Debreyne excitait au plus haut degré l'intérêt des nombreux visiteurs. Déjà remplie de malades les jours ordinaires, elle ne pouvait suffire en cette circonstance aux flots du monde qui s'y portaient aux heures de consultation. Les femmes surtout étaient avides de mettre à profit le privilége de la dédicace, pour voir le médecin inaccessible à leur sexe en toute autre circonstance. La piété et la curiosité se joignaient à l'amour de la santé; la plupart se présentaient autant pour entretenir un moment le saint religieux que pour consulter l'habile médecin. Les plus légères indispositions, des maux même simulés, servirent à plusieurs de prétexte. En d'autres temps, et en un autre lieu, on eût cru voir un temple d'Esculape.

Une sentence qui, dès l'entrée dans la salle, frappe les regards, avertit les malades que la santé de l'âme est incomparablement plus précieuse que celle du corps, et que c'est du Médecin céleste que l'on doit surtout attendre l'une et l'autre. Deux squelettes placés sur une cheminée pour l'instruction des élèves, sont aussi là pour dire à tous que les ressources de l'art peuvent tout au plus reculer l'inévitable mort; qu'ainsi l'on doit s'occuper plus encore du soin de la rendre sainte que des moyens de la prévenir. Et pour faire mieux ressortir encore l'égalité du dépouillement où cette inexorable mort réduit ses victimes, et la vanité de tout ce qui ne suit pas l'homme dans l'éternité, on a écrit au-dessus d'un de ces squelettes : *Fut-il roi, fut-il pâtre ?* Ces leçons muettes, mais éloquentes, sont entendues. J'ai vu devant ces lugubres objets une foule de personnes qui m'ont paru absorbées dans les plus sérieuses réflexions.

La multitude accourait aussi à une ferme de l'abbaye; on était surpris d'y voir des écuries changées en atelier où l'on fait en terre cuite des statues, des vases et autres objets pour la décoration des temples : c'est de là qu'est sortie cette belle Vierge que tout le monde admire dans la nouvelle église. Les rosaces qui en ornent le plafond, les arabesques placés dans la frise du sanctuaire viennent du même atelier, et prouvent encore que les talens et les arts ne sont point exclus de l'enceinte de la Trappe.

Je ne finirais point si je voulais rapporter tout ce qui m'a frappé dans cette sainte demeure pendant l'agréable et trop court séjour que je viens d'y faire. Mais rien ne m'a édifié comme la piété et la modestie des religieux, qui ont constamment conservé, au milieu de la foule et du bruit, leur recueillement ordinaire. Je ne puis mieux les caractériser qu'en leur appliquant, quoique dans un sens tout différent du littéral, ces expressions du Psalmiste : *Oculos habent et non videbunt,* etc. Oui, ces hommes ont, comme tous les autres, des yeux, et ils ne voient rien ; des oreilles, et ils n'entendent point ; une langue, et ils ne s'en servent jamais. Impossible à moi désormais de me rappeler ce passage, sans être reporté en esprit à la Trappe, qui m'est devenue si chère. Cependant, le généreux sacrifice de leurs sens n'est pas le seul hommage qu'ils en fassent à l'auteur de leur être. Ces sens si mortifiés, ils savent les retrouver pleins d'énergie pour les sanctifier par les plus saints usages, leur langue pour chanter en chœur les louanges du Seigneur, leurs mains pour les consacrer au travail, leurs oreilles pour entendre les plaintes des malheureux, leurs pieds pour voler à leur secours. Puissent ceux qui les accusent de rendre inutiles les dons du Créateur, ne jamais user des leurs moins utilement !

Que ne puis-je dire à tous mes lecteurs : « Allez vous-mêmes, et voyez de vos yeux cette maison célèbre ! » A coup sûr ils sortiraient de ce sanctuaire pleins d'impressions tout autrement profondes, salutaires et durables, que n'en peut produire sur leur cœur mon trop faible pinceau ; du moins leur offrirai-je ici en dédommagement la peinture, hélas ! bien imparfaite de ce qui me paraît plus propre à les intéresser dans le genre de vie et les exercices de la Trappe, où tout est d'ailleurs si intéressant.

DEUXIÈME SECTION.

A l'époque où le luxe faisait en France tant de progrès, où la corruption des mœurs devenait si générale, ce n'était pas un spectacle peu étonnant que le retour de la Trappe déréglée, à l'austérité primitive. Aussi, le bruit de cette réforme retentit-il bientôt, non-seulement d'un bout de la France à l'autre, mais encore dans tout l'univers chrétien:

on voyait accourir de toutes parts, à cette nouvelle Thébaïde, les personnages les plus distingués, savans, artistes, évêques, grands de la cour, ducs et princes, avides de s'édifier quelque temps avec ces anges du désert, ou curieux seulement de voir de leurs propres yeux ces prodiges de la mortification chrétienne.

Le fameux duc de Saint-Simon y faisait fréquemment des retraites. Bossuet y venait ordinairement chaque année élever encore sa grande âme, et retremper pour ainsi dire son génie dans le silence de la retraite : il y passait le plus souvent une quinzaine, et l'on voit encore les magnifiques allées où il se promenait avec son ami l'illustre abbé de Rancé. Là, au fond des bois, ou dans la grotte de saint Bernard, lieu si riche d'inspirations, ils discouraient ensemble des vanités du siècle, du néant des grandeurs terrestres, des leçons de la mort et du tombeau, matière sur laquelle ils étaient l'un et l'autre si éloquens! Jacques II, roi d'Angleterre, y a fait plusieurs voyages avec la reine son épouse; ils venaient s'y consoler de la perte d'une couronne périssable, par l'espoir d'une couronne immortelle. Ce monarque ayant un jour assisté à tous les offices, et communié à la grand'messe, fut frappé d'entendre chanter ces paroles qui se rapportaient si bien à sa position présente : *Confundantur superbi, quia in-*

justè iniquitatem fecerunt in me; ego autem exercebor in mandatis tuis (1). On voit encore à la Trappe deux portraits de ce prince dont il fit présent à l'abbaye. Dans une estampe du réfectoire il est représenté mangeant avec son aumônier, le maréchal de Bellefonts et le duc de Berwick, à la table du révérend Père.

Plus tard, le duc de Penthièvre, ce prince si vertueux, voulut avoir à la Trappe un pied-à-terre. On voit encore aujourd'hui, parmi les ruines de l'ancien monastère, quelques débris d'un bâtiment qu'il avait fait construire pour son usage; il y venait pour sa santé spirituelle, dont il était si soigneux, respirer l'air pur de la solitude et y faire de longues retraites, que la révolution de 89 et la suppression des monastères furent seules capables d'interrompre.

L'infortuné Charles X, alors comte d'Artois, voulut aussi visiter cette maison célèbre; il y passa une fois plusieurs jours, suivit tous les exercices, mangea au réfectoire avec les religieux et comme eux; quelques-uns des pères actuels se rappellent encore l'y avoir vu à côté du père abbé.

---

(1) Psalm. 118: *Que mes superbes ennemis soient confondus de leur injustice à mon égard*, j'en laisse à Dieu le soin; quant à moi, je m'exercerai dans la pratique des divins préceptes.

Situation du monastère de la Trappe.

L'abbaye de la Trappe est située dans un grand vallon, à l'extrémité occidentale de la forêt du Perche, sur la commune de Soligny qui a pris le nom de Soligny-la-Trappe (Orne), entre les villes de l'Aigle et de Mortagne, dont elle est distante d'environ trois lieues, et par conséquent à une égale distance des deux routes de Paris à Brest, et de Paris à Cherbourg; ce qui contribue à y attirer un grand nombre de voyageurs. Les forêts et les collines qui l'environnent semblent vouloir la dérober au reste du monde et en font une solitude parfaite. Le vallon est partagé en prés, en terres cultivées et en plants d'arbres fruitiers; il y avait autrefois jusqu'à douze étangs considérables, dont la plupart ont été desséchés pour la salubrité de la maison et convertis en prairies : il n'en reste plus que quatre au bout l'un de l'autre, du même côté, et à une assez grande distance de l'abbaye. Les vastes jardins qui sont dans l'enclos offrent aux nombreux visiteurs de belles allées pour la promenade (1).

(1) Le monastère actuel forme un carré parfait; il a, outre le rez-de-chaussée, deux étages complets et au-dessus un vaste grenier. Il renferme, comme toute autre maison de la Trappe doit essentiellement renfermer, à l'entrée un grand portail à côté duquel est la loge du portier, un parloir, une salle ou pavillon pour la réception des étrangers,

Le sol y est naturellement ingrat et stérile; ce n'était jadis que des bruyères et des landes incultes où le voyageur ne découvrait que quelques misérables cabanes de mendians, ou des huttes de charbonniers; mais depuis le défrichement opéré par les religieux, on y voit les champs se couvrir de riches moissons de blé, de seigle, d'avoine, etc.

Avant la Révolution, cette vallée, autrefois si ingrate, fécondée par les sueurs et l'industrie de ses habitans, suffisait à nourrir, outre cent cinquante personnes de la maison, plusieurs centaines de pauvres et le grand nombre de voyageurs qui y affluaient. Depuis cette triste époque, les religieux, à leur retour de l'exil, n'ont pu recouvrer qu'une bien faible partie des domaines qui leur furent enlevés, le quart tout au plus : les forêts entières sont aujourd'hui au gouvernement.

et une hôtellerie où ils sont logés et nourris, une église, une salle dite *le chapitre*, un réfectoire, un ouvroir ou laboratoire, un dortoir, une bibliothèque, une lingerie, un chauffoir, une infirmerie et une pharmacie, des cloîtres ou bas côtés adossés au mur principal, et qui s'étendent en forme de galerie dans toute la longueur intérieure du carré, au milieu duquel est une cour. Ces cloîtres servent à diverses processions prescrites par la règle, et sont le lieu des lectures particulières et de la lecture publique d'avant Complies.

Parmi les dépendances du monastère, il y a granges, écuries et remises, forge, moulin, ferme et autres bâtimens nécessaires d'exploitation.

Cependant, une fois les bâtimens sortis de leurs ruines, et les bras des solitaires appliqués principalement à l'agriculture, cette propriété si mutilée pourra encore nourrir, avec les religieux, bon nombre de pauvres qui y viennent chercher leur pain quotidien.

Outre que l'agriculture y est exercée de manière à servir de modèle, le luxe, les besoins imaginaires et factices étant bannis de cette Sparte chrétienne, tout y est réduit, comme on sait, au plus strict nécessaire; et combien peu de choses sont nécessaires à un Trappiste! on évalue à 40 ou 50 écus au plus la dépense annuelle d'un religieux, tout compris.

Les Trappistes ne sont point tristes et maladifs, comme on le pense.

Les personnes du monde qui vont visiter la Trappe, s'attendent à n'y trouver que des gens tristes et abattus par les austérités, sombres et mélancoliques comme leur désert et les forêts qui l'environnent; elles sont fort étonnées à la vue d'une réunion nombreuse de solitaires aussi heureux qu'austères, et dont l'air, la sérénité et tout le maintien annoncent la joie intérieure et cette paix intime que le monde ne peut donner. C'est la béatitude promise aux larmes de la mortification. N'est-il pas heureux, en effet, à des cœurs chrétiens éclairés par la foi, échauffés par l'amour, de s'offrir chaque jour en holocauste au Dieu qu'ils adorent, de lui faire le généreux sacrifice de tout ce qu'ils sont, de leur liberté, de leur fortune, de leurs jouissances et de leur vie même; de marcher avec intrépidité sur les traces des martyrs, assurés de cueillir la même palme et de recevoir la même couronne; de dire un adieu éternel au monde et à ses plaisirs, ou plutôt à ses vices et à ses crimes, pour conquérir ainsi, au prix de quelques violences passagères, les célestes et éternelles délices de la vie future? Mais les hommes mondains, esclaves des sens, n'ont pas d'idée de ce bonheur tout spirituel; c'est la perle de l'Evangile cachée aux yeux profanes. Aussi, de tels hommes ne peuvent que déplorer le sort de ces fortunés solitaires, et en attribuer le libre choix à la folie et au fanatisme.

« Je le quittai, dit, dans la relation d'un voyage à la Trappe d'Angleterre, un de ces sages du jour; je le quittai, ce triste séjour de l'ignorance, » en soupirant sur le sort des individus que les vi- » ces ou la folie conduisent à la Trappe. » Un autre visiteur de la même trempe demandait au frère chargé de lui faire voir la maison, quels motifs pouvaient déterminer les Trappistes à se séquestrer ainsi de la société pour se condamner à une vie si dure. Quels motifs, grand Dieu! non, le soleil de la foi ne s'est pas levé sur de tels hommes!

oh! s'ils connaissaient le don de Dieu! Des motifs? la religion n'en offre-t-elle pas de souverainement puissans? tout n'est-il pas infini dans ses promesses comme dans ses menaces? et peut-on jamais prendre trop de sûreté pour échapper à celles-ci et pour mériter celles-là?

Cependant ces faux sages ne peuvent, à la vue de la Trappe, se défendre d'un sentiment d'admiration; mais ils admirent sans comprendre, à peu près comme ils exaltent les philosophes stoïciens, parce que braver la douleur, se dévouer volontairement à la souffrance et aux privations, c'est le propre d'une âme forte et élevée : voilà pourquoi on a tant célébré en prose et en vers ces courageux Spartiates, ces intrépides Romains, les Léonidas, les Scévola, les Curtius, les Regulus, qui affrontèrent avec une si grande résolution les supplices et la mort. Mais quelle différence entre l'héroïsme des uns et des autres! Ces héros du siècle n'étaient résolus et braves qu'autant qu'ils étaient en spectacle, et, comme l'a dit un poète :

On en vaut mieux quand on est regardé.

Pitoyable héroïsme, bravoure de pure ostentation! misérables héros, qui se sacrifiaient à la vanité! leur courage n'est que folie; et, comme dit l'Évangile, ils ont reçu leur récompense. Mieux vaudrait peut-être vivre en lâches que de mourir ainsi en insensés. Mais le Trappiste, qui de plein gré échange les aises, les plaisirs et les honneurs du monde contre l'obscurité, les privations, la souffrance et une longue mort, n'est point, lui, regardé des hommes ; il se dérobe le plus qu'il peut à leurs yeux, il voudrait n'avoir que Dieu seul pour témoin de son sacrifice ; c'est dans ce dessein qu'il fait un divorce si entier avec le monde et vient s'ensevelir tout vivant dans le désert. L'œil du grand maître lui suffit, c'est que de lui seul il attend sa récompense, récompense vraiment sublime et digne que tout lui soit sacrifié. Voilà le véritable héroïsme !

On croit généralement qu'à raison des veilles, des jeûnes et des travaux continuels, la Trappe est une terre qui dévore ses habitans ; ce nom seul réveille des idées de mort, et est presque synonyme de ce lugubre mot. Buffon partageait ce sentiment, qu'il exprime en ces termes dans son *Histoire naturelle*, à propos de la maison de Sept-Fonts, moins austère que la Trappe : « Voyez » ces pieux solitaires, qui s'abstiennent de tout » ce qui a vie, et qui, par de saints motifs, renoncent aux dons du Créateur. Le visage mortifié, les yeux éteints, ils ne jettent autour » d'eux que des regards languissans ; leur vie ne » semble se soutenir que par des efforts ; ils prennent leur nourriture sans que le besoin cesse. » Quoique soutenus par la ferveur, ils ne résistent » que peu d'années à cette abstinence cruelle. »

Imbu de cette opinion commune, on arrive à

la Trappe, persuadé qu'on n'y verra que des jeunes gens décrépits, haves d'austérités, des vieillards de trente ans, ombres errantes autour des tombeaux. Quelle surprise d'apercevoir dans les rangs de ces vénérables solitaires des hommes de tout âge, souvent au teint frais et vermeil, dont plusieurs ont parcouru toutes les phases de la vie jusqu'à l'extrême vieillesse ! On voit aujourd'hui à la Trappe deux octogénaires, dont l'un suit ce genre de vie depuis plus de cinquante ans : sur environ soixante individus dont se compose la communauté, la dernière mort date de 1830, comme on peut s'en convaincre par l'inscription gravée sur la tombe du défunt. Quelle est la ville ou la bourgade qui ne présente une mortalité proportionnellement plus grande? La Trappe n'est donc point exclusivement le séjour et le règne de la mort. La règle de cette maison est donc loin d'être essentiellement meurtrière et homicide, comme on l'a tant de fois malignement ou témérairement avancé (1).

(1) Ceci était écrit lorsque la mort est venue frapper une victime; c'est l'un de ces vénérables octogénaires, celui qui portait si généreusement le poids de cinquante années de vie de la Trappe; loin de trouver, lui, la mort trop prompte, il se plaignait de sa lenteur, non par horreur de la vie présente, mais par amour de la vie future ; ses vœux ont été exaucés le jour même de la Toussaint, dont sans doute il est allé solenniser la fête avec l'Eglise triomphante. Heureux vieillard ! puissé-je, sans vous en ravir le mérite,

6

Il faut convenir qu'à la Trappe, la mort faisait beaucoup plus de ravages du temps de l'abbé de Rancé ; la cause de cette mortalité plus grande doit être attribuée aux brouillards et aux exhalaisons insalubres, produit naturel de l'eau croupissante des nombreux étangs qui environnaient de toutes parts la maison, et dont le déssèchement a singulièrement contribué à assainir le sol et à purifier l'air de cette solitude. Un fait qui récemment vient de frapper tout le monde d'une sorte de stupeur, c'est que le choléra-morbus, qui a fait tant de ravages aux environs de la Trappe, et une autre épidémie qui a désolé ensuite les villages voisins, ont l'une et l'autre respecté l'abbaye, et sont venus en quelque sorte s'éteindre et mourir aux portes de la maison. Lorsque le cruel fléau sévissait avec tant de fureur dans la capitale, et en faisait fuir les habitans par toutes les portes, la crainte des amis de la maison redoublait à mesure que s'avançait l'épidémie ; amie du jeûne et de l'abstinence, elle devait franchir d'un saut l'espace qui la séparait de la Trappe, et, de concert avec les austérités, mettre bientôt tous les religieux dans la tombe :

avoir une seule de vos nombreuses années de pénitence et vous suivre à l'instant! C'est le jour des Morts que sa cendre a été réunie à celle de ses frères. Que de prières ont été faites pour lui, mais que de secrètes supplications sont allées le chercher directement dans le séjour de la gloire! Ah! sans doute, lui aussi priait pour ceux qu'il a laissés dans l'exil et les combats.

on l'y a attendue de pied ferme ; rien n'a été changé à la règle, et le choléra n'a pas encore paru, non plus que la cholérine, son avant-coureur.

Pour arriver à la Trappe, soit par L'Aigle, soit par Mortagne, il faut traverser de vastes bruyères, des landes incultes, de sombres forêts, dont la solitude prélude admirablement au séjour de la réflexion et de l'éternel silence. Tout dans ces lieux agrestes invite l'âme à cette mélancolie douce et religieuse qui la détache de la terre, l'élève au-dessus de tous les objets sensibles, jusqu'au sein du Créateur, sa fin et sa région naturelle.

Le chemin vicinal de Mortagne à L'Aigle passe à quelques portées de fusil de la Trappe, en longeant la colline semi-circulaire qui domine le vallon où est le monastère. C'est le plus beau point de vue pour le contempler. Le voyageur dans sa route, le villageois au retour des champs à sa chaumière, le pieux pélerin en venant visiter cette Thébaïde, peuvent-ils ne pas ressentir, dès ce lieu, la sainte influence et, si j'ose m'exprimer ainsi, les pieuses et salutaires émanations du voisinage de l'abbaye ? de là on découvre la maison et toutes ses dépendances ; on peut voir la belle croix qui surmonte l'élégant clocher de l'église : de là on peut entendre facilement le son de la cloche, dont le tintement prolongé appelle les frères devant les autels, et même leur chant grave et solennel qui vient frapper tous les échos d'alentour. Si à cela se joignent le calme d'une belle nuit, le silence de toute la nature dans ces lieux sauvages, l'immense nappe d'eau du grand étang où viennent se réfléchir, à la clarté de la lune, l'azur du ciel et tout le brillant des étoiles, quoi de plus propre aux vives et profondes émotions! et qu'il serait à plaindre celui dont le cœur resterait froid, la conscience muette à ce spectacle! À moins, en effet, que la raison et la foi n'aient perdu tout leur empire dans une âme, comment passer là sans se dire : « Voilà une réunion nombreuse d'hommes comme moi : hélas! quel contraste entre ma vie et la leur! ils chantent jour et nuit les louanges de Dieu, et c'est à grand'peine si je lui paie le léger tribut de quelques courtes prières journalières : et peut-être je jouis de ses bienfaits, je m'engraisse de ses dons sans penser jamais à l'en bénir. Ces hommes n'ont qu'une affaire qui les absorbe tout entiers, et cette affaire, seule digne en effet d'occuper une âme immortelle; je ne daigne pas y consacrer un moment d'une vie prostituée sans réserve à la vanité. Ces héros de la pénitence sont insatiables d'austérités, je ne me refuse aucun plaisir. Ce sont des saints, je suis un pécheur. Ils craignent encore, je vis dans la sécurité! Où en suis-je donc, grand Dieu! »

Sur la grande porte extérieure de l'abbaye s'élève une statue de la sainte Vierge, au-dessous de laquelle on lit ces mots qui servent pour ainsi dire d'enseigne : *Domus Dei; beati qui habitant in eâ* (1). Un frère qui fait l'office de portier, a sa cellule à l'entrée de ce seuil hospitalier : c'est si fort la maison du Dieu de charité, que tous les étrangers, sans distinction de rang, de pays, de religion même, y sont reçus et soignés en amis et en frères. Là surtout se vérifie le mot de saint Paul, que l'Évangile fait de tous les hommes une seule famille. Vous arrivez à cette maison, qui que vous soyez, riche ou pauvre, savant ou ignorant, ecclésiastique ou séculier, à quelque heure que ce soit du jour ou de la nuit; vous êtes reçu avec la plus grande cordialité par un homme revêtu d'un habit saint; vous le saluez du doux nom de frère, et l'accueil qu'il vous fait vous prouve bientôt qu'il en a envers vous toute la tendresse.

C'est bien le cas de s'écrier encore : « Que la religion est belle! qu'elle exerce une admirable influence sur les mœurs! » Ont-ils à offrir un spectacle d'aussi touchante fraternité, nos prédicateurs de civilisation et de philanthropie moderne?

Réception des hôtes à la Trappe.

Le portier, après avoir ouvert aux étrangers, se prosterne devant eux sur les mains en

---

(1) *C'est ici la maison de Dieu ; heureux ceux qui l'habitent!*

disant *Benedicite*, comme pour demander leur bénédiction : tel est le cérémonial de réception observé à l'égard de tous les étrangers; il les conduit ensuite sous un pavillon, dans une salle destinée à la réception des hôtes, et sur-le-champ il va donner avis de cette visite à deux religieux chargés de recevoir ceux qui viennent visiter la maison. En les attendant, on peut déjà s'instruire de la conduite qu'on doit tenir dans cette maison du silence et de la prière, sur une pancarte attachée au mur de la salle. Voici en partie le texte de ces avertissemens :

« On supplie les personnes que la divine Providence conduira ici, de daigner permettre qu'on les avertisse de ce qui suit :

« On évite la rencontre des religieux, autant que possible, surtout quand ils sont occupés au travail. Si l'on a besoin de quelque chose, il faut s'adresser au père hôtelier, parce que les autres religieux, obligés à un rigoureux silence, ne peuvent donner aucune réponse à qui voudrait leur parler. Si l'on apercevait un religieux qu'on eût connu dans le monde, il faudrait bien se garder de s'en faire reconnaître, quand même ce serait un fils, un frère, un neveu..... Les hôtes ne trouveront pas mauvais que le religieux qui les reçoit n'ait pas de longues conversations avec eux : le propre d'un moine est de garder le silence, et l'Esprit saint a dit que l'homme qui aime à parler beaucoup ne prospèrera point sur la terre. Lorsqu'on veut prier, on va à la tribune; on n'y chante jamais. On n'entre point dans les lieux réguliers sans être accompagné de l'hôtelier; il est des endroits où le silence est inviolable, ce sont: l'église dans toutes ses parties, le réfectoire, le dortoir, les cloîtres, le chapitre et la cuisine. Dans les lieux où l'on peut parler, on le fait en peu de paroles et à voix basse, de manière à n'être pas entendu des religieux qui se trouveraient près de là. On prie messieurs les hôtes de croire que c'est avec peine qu'on leur offre une nourriture aussi simple, mais ainsi déterminée par la règle. »

On peut également s'édifier d'avance en lisant sur les murs quelques sentences frappantes, tirées la plupart de la sainte Écriture, qui sont comme les premiers avis que l'on donne aux visiteurs, et même souvent les principaux entretiens que les étrangers puissent avoir dans ce monastère, où l'on peut dire à la lettre que si les hommes se taisent, tout, jusqu'aux murailles, parle à l'esprit et surtout au cœur.

On y voit d'abord ces paroles de Jérémie : *Sedebit solitarius et tacebit* (1), pour faire entendre à ceux qui aspirent au bonheur de ces parfaits solitaires qu'ils doivent avant tout se préparer à la retraite et au silence; pour dire à tous que c'est

(1) Thren. III, 28.

dans le calme des sens et des passions que la voix de Dieu se fait entendre au fond de l'âme.

Plus loin, on lit ce passage du Psalmiste : *Elegi abjectus esse in domo Dei mei magis, quàm habitare in tabernaculis peccatorum* (1). Ces heureux habitans du désert semblent vouloir prévenir par là une question qu'on pourrait leur adresser : pourquoi ils ont quitté le monde, foulé aux pieds, plusieurs d'entre eux du moins, les richesses et les honneurs dont ils jouissaient ou auxquels ils pouvaient aspirer, afin de se dévouer à une vie si austère et si retirée. Les murs répondent d'avance pour eux qu'ils ont mieux aimé se réduire à un état vil et abject dans la maison du Seigneur que d'habiter avec plus d'éclat dans les palais des hommes pécheurs. La raison de cette préférence est exprimée avec bien de l'énergie dans une autre sentence : *Melior est dies una in atriis tuis super millia* (2). C'est qu'en effet un seul jour passé dans la maison de Dieu au nombre de ses vrais serviteurs, est préférable à mille partout ailleurs; et comme l'aspect de cette retraite si austère et si étroite n'effarouche pas moins la nature, toujours disposée à se révolter contre tout ce qui tend à la mortifier, ces hommes de foi attestent hautement que la vue du terme heureux de cette pénible carrière peut seule

---

(1) Psalm. LXXXIII, 11.
(2) idem, ibid.

les soutenir, les élever au-dessus de toutes les révoltes de la nature et leur donner un avant-goût du bonheur céleste. C'est le sens de cette maxime si touchante qui, à elle seule, rend raison de tout ce qu'on admire d'héroïque à la Trappe : *S'il est dur de vivre ici, il est bien doux d'y mourir.*

Les deux religieux de semaine pour recevoir les hôtes étant arrivés à la salle de réception, ils se prosternent de tout le corps devant les étrangers, se relèvent, et après de profondes inclinations, ils les conduisent par le corridor à l'église pour y adorer le Saint-Sacrement. Après un instant de prières, ils les reconduisent à la salle, où l'un d'eux leur fait lecture de quelques versets du livre de l'Imitation. Ensuite, on confie les hôtes au religieux désigné pour les soigner, et qu'on appelle pour cela du nom d'*hôtelier*. Après s'être informé modestement du motif de leur voyage, si c'est pour une retraite, ou pour passer quelques jours seulement, ou simplement pour visiter la maison, il les conduit à l'hôtellerie, a soin de les restaurer au besoin, et leur rend avec joie tous les services qui sont du ressort de sa charge. Abraham et les saints patriarches, ces modèles de l'antique hospitalité, ne témoignèrent pas plus d'empressement à recevoir et à servir leurs hôtes. Il est vrai qu'à la Trappe on ne tue pas le veau gras pour les régaler; mais les services qu'on leur rend sont assaisonnés de tant de bienveillance, d'attention et de bonnes grâces! Ces hommes qui se refusent tout, on les voit sourire de bonheur lorsque vous trouvez bon ce que la règle leur permet de vous offrir. Quelle merveille de voir en France et au 19e siècle, observés à la lettre, ces usages si touchans de la vie patriarcale! Chaque étranger est logé dans une chambre modeste, mais décente, dont on peut faire en peu de mots l'inventaire : une petite table, un christ avec une ou deux images de saints, quelques livres de piété, une chaise et un lit peu mollet sans doute, mais du moins fort propre : c'est tout ce qu'il faut à celui qui vient dans cette solitude, soit pour une retraite spirituelle, soit pour une simple visite d'édification. C'est toujours ensuite au père hôtelier qu'on s'adresse, soit pour demander le supérieur, soit pour visiter la maison, soit pour un besoin quelconque, le père hôtelier seul ayant droit de communiquer avec les étrangers. On trouve à l'hôtellerie, dans la salle commune, un petit réglement pour les hôtes, sur une pancarte exposée contre le mur, où l'on apprend les heures des divers exercices.

On ne sert jamais à l'hôtellerie qu'un maigre frugal, mais cependant assez copieux et convenablement assaisonné; la règle défend expressément de servir de la viande aux étrangers, quels que soient leur rang et leur condition. Si quelqu'un, pour cause de maladie, en avait absolument besoin, il serait servi à part, à l'hospice, par exemple, ou à l'auberge qui est devant la maison, mais jamais dans le réfectoire des hôtes. Pour prévenir dans cette maison de prière et de charité les discours oiseux et les contestations, une lecture pieuse y est faite, durant tout le repas, par le père hôtelier ou par un des frères.

On accorde, mais rarement, et seulement sur la demande des personnes honnêtes qui en témoignent un vif désir, la permission de manger avec les religieux au réfectoire de la communauté.

Comme l'hospitalité, selon l'esprit de la règle et la signification même de ce mot, s'exerce par pure charité, on n'exige jamais rien des étrangers, seulement on reçoit avec humilité les dons offerts librement par les personnes aisées. L'entrée du monastère étant absolument interdite aux femmes, on a disposé dans l'avant-cour une chapelle où elles peuvent entrer par une porte qui donne sur le dehors, et y assister à la messe les dimanches et les fêtes, et même à peu près tous les jours.

Distinction des religieux en religieux de chœur et en frères convers.

Il y a à la Trappe deux espèces de religieux : ceux de chœur, appelés pères, et les frères convers. Bien qu'on donne aux premiers, prêtres ou non, cette dénomination de *pères*, par modestie ils ne la prennent point eux-mêmes. Jamais ni M. de Rancé ni les autres abbés ses successeurs n'ont signé leurs écrits que sous l'humble titre de frère. Cette première classe de religieux se compose généralement de personnes qui ont reçu une éducation plus soignée, bien qu'il y ait souvent parmi les convers des hommes distingués auxquels l'humilité a fait préférer le dernier rang dans la maison du Seigneur.

Les pères sont aussi appelés religieux de chœur, de leur destination spéciale à chanter l'office divin ; c'est, selon les propres termes de saint Benoît, leur premier et principal emploi (*operi divino nihil præponatur*), auquel ils consacrent de sept à huit heures aux jours ouvrables, mais bien davantage les jours de fêtes et les dimanches; le reste de leur journée se partage entre le travail des mains, la lecture, la méditation et la prière particulière, le tout selon la détermination de la règle. Les supérieurs, pas plus que les autres, ne sont exempts du travail qui consiste principalement dans la culture des terres et l'exercice des divers arts et métiers ; car tout ce qui sert à l'entretien de la maison, ou à peu près, s'y prépare et s'y confectionne.

Les religieux de la seconde classe, ou les frères convers, sont plus spécialement appliqués aux travaux manuels ; la plus grande partie de leur journée y est employée; ils ont cependant, bien entendu, leurs exercices spirituels, quoique moins longs que ceux des pères. Ils assistent à une bonne partie de l'office de la nuit, entendent de grand matin la sainte messe, et ont un office propre qui se récite régulièrement aux Heures canoniales. Pour les diverses Heures du jour, c'est ordinairement sur le lieu même du travail, soit à la maison, soit aux champs, que les convers s'acquittent de cet exercice. Ce n'est pas ce qu'il y a de moins intéressant à voir pour les étrangers, que cette récitation de l'office en plein champ. Si l'on ne se rappelait pas qu'on est à la Trappe, où se borne cet usage, on se croirait remonté à cet âge d'or de l'Eglise où, selon le rapport de saint Jérôme, toute la campagne retentissait du chant des sacrés cantiques, où le laboureur à la queue de sa charrue, le vigneron en taillant sa vigne, le pasteur à la suite de son troupeau, s'excitaient à l'envi à bénir tout haut le Dieu de l'univers.

En se tenant à une distance respectueuse, on peut, sans violer l'avertissement donné ci-dessus aux hôtes, jouir de ce spectacle qui me paraît, à moi, ravissant. Dès que la cloche en a donné le signal, on voit ces bons frères déposer leurs outils, se composer encore, quoique toujours recueillis, se réunir avec diligence et gravité à leurs places respectives. Ils ont bientôt formé deux rangs, et là en face les uns des autres, comme à l'Eglise, ils récitent à deux chœurs les prières prescrites, se tenant debout, s'inclinant ou se prosternant suivant le rit d'usage. Rafraîchis et restaurés par ce repos de la prière, ils reprennent ensuite leur travail avec une nouvelle vigueur, mais sans cesser leur oraison qui est continuelle pour ainsi dire, et dont ils ne font que varier le mode. Pour ces hommes intérieurs, l'univers entier n'est qu'un temple où tout leur parle de Dieu; les objets extérieurs, loin de les distraire, sont à leurs yeux comme autant d'images saintes dans les églises, et n'excitent dans leurs cœurs que de pieux sentimens.

L'habit des frères diffère par la forme et surtout par la couleur, de celui des pères : ce dernier consiste en une robe de gros drap blanc, serrée au corps par une ceinture de cuir; sur cette robe ils portent au travail un scapulaire noir, qu'ils remplacent pour les autres exercices d'une ample tunique à manches larges et pendantes, de même étoffe et de même couleur que la robe. Comme le scapulaire, cette tunique est surmontée d'un capuchon ou capuce pour couvrir la tête; c'est proprement l'habit monacal, auquel on donne aussi le nom de *coule*. Les frères convers sont revêtus, par-dessus la robe, d'une sorte de grand manteau appelé chappe, de grosse étoffe brune ainsi que tout le reste de l'habillement.

Les uns et les autres portent sur la peau une chemise en serge grossière. Je laisse à penser aux lecteurs ce qu'ont à souffrir de la chaleur, des religieux ainsi couverts d'un triple tissu de grosse laine, et cela durant le travail et les ardeurs de l'été ; car, retrancher quoi que ce soit à cet accoutrement, serait, de la part des Trappistes, une indécence et une mollesse scandaleuses, et qui ne resterait pas impunie. Tout ce qui leur est permis en ce genre de soulagement, c'est de se découvrir la tête en abaissant le capuce. Il est bon de faire observer toutefois que cette serge, espèce de cilice, sans doute, et qui semblerait d'abord n'être qu'un moyen de pénitence, est cependant réellement un moyen de santé des plus indispensables. Ces hommes qui passent, mouillés, du travail sous leurs cloîtres, qui se lèvent au milieu de la nuit souvent trempés encore des sueurs de la veille, ne gagneraient-ils pas tous des fluxions mortelles, si leur habit de dessous était du linge au lieu de serge ?

Ce costume paraît au premier coup-d'œil passablement ridicule et burlesque ; on serait porté à croire que la forme en a été choisie uniquement pour narguer le luxe du monde et la vanité de ses modes si éternellement variables, pour en distinguer autant les Trappistes par l'habit que par les mœurs. Point du tout, et pour le remarquer en passant, il y a souvent autant d'ignorance que d'irréligion à railler les usages des moines. Que de choses chez eux sont historiques et subsistent au milieu des perpétuels changemens du siècle qui les entoure, comme des monumens de la vénérable antiquité ! Ainsi, par exemple, la coule des religieux est tout simplement, à quelques nuances près, la toge des Romains; et le scapulaire, l'habit que portaient les gens du peuple au temps de saint Benoit. Les cloîtres même retracent, selon Fleury, les portiques des maisons de l'ancienne Rome.

Il paraîtrait aussi que la couleur blanche date du temps même du législateur. Ainsi, en l'adoptant à la Trappe, on serait revenu sur ce point, comme sur tant d'autres, à l'usage primitif de Cîteaux. Nous devons convenir cependant qu'il existe dans l'ordre une tradition respectable, laquelle assigne une autre cause à ce changement. Selon cette tradition, la sainte Vierge ayant apparu à saint Alberic, second abbé de Cîteaux, elle lui prescrivit la coule blanche au lieu de la noire, que portaient alors les Bénédictins. Quoi qu'il en soit, ce n'est pas le moindre titre de gloire pour cet institut célèbre, que d'être spécialement dévoué à la mère de Dieu; Marie est de droit première patronne de toutes les maisons de la réforme, qui prennent en conséquence le titre obligé de Notre-Dame de la Trappe.

Cet habit si modeste, ce froc si vil aux yeux des mondains, cache souvent bien du mérite, de celui même dont ils sont le plus épris, des hommes instruits, spirituels, à grands talens en un mot, et qui certes eussent pu éclipser dans le monde bon nombre de leurs contempteurs. Combien y occupèrent avec distinction, avant leur retraite, les rangs les plus éminens! On vit autrefois en grand nombre, et l'on voit encore aujourd'hui à la Trappe des mains accoutumées à porter l'épée du commandement et de l'honneur, s'essayer aux humbles travaux de l'agriculture, avec la bêche et le hoyau; l'homme de lettres qui fit long-temps l'ornement des cercles et de la haute société, y cacher avec soin le brillant de son esprit, n'ouvrir la bouche que pour chanter les louanges de Dieu, et borner volontiers ses lectures à quelques livres de piété, écrits souvent d'un style peu relevé; le professeur célèbre, le missionnaire éloquent, occupés auparavant à éclairer et à diriger les autres, se soumettre ici avec une simplicité d'enfant à des hommes souvent moins âgés, quelquefois même moins instruits et moins habiles qu'eux. Mais tous les titres sont éclipsés pour toujours à la Trappe; on y change même le nom qui pourrait les rappeler, et toutes les distinctions honorifiques viennent se perdre à jamais dans l'humble dénomination de frère Hilarion, frère Pacôme, frère Arsène, etc. Les décorations acquises au prix de son sang, et dont on fut jadis si fier, sont échangées contre la bure modeste et grossière d'un convers. L'homme le plus distingué dans le siècle, s'il a un an, un jour de moins d'ancienneté en religion, doit céder humblement le pas au plus simple paysan. A côté de celui-ci, sous le cloître, il ne peut s'asseoir sans en avoir obtenu de lui la permission, qui est accordée par un salut, à la vérité fort gracieux; tant

7

on fait peu de cas à la Trappe de tout ce qui donne du relief aux yeux du vulgaire, et tant on prise ce qui rend vraiment grand devant Dieu. Grâce à l'éternel silence auquel ces hommes se dévouent, ils peuvent passer ensemble dix, vingt, trente années, toute leur vie même, sans connaître ni le nom de famille, ni la patrie, ni l'éducation, ni la conduite précédente d'aucun de leurs compagnons de travail et de pénitence.

Outre ces deux classes de religieux profès, il y a, à la Trappe, des aspirans, des novices et des frères *donnés* ou *familiers*.

On appelle aspirans ou postulans, ceux qui, se sentant de l'attrait pour la vie de la Trappe, veulent essayer leur vocation, et demandent en conséquence à être admis dans la communauté pour y subir les épreuves du noviciat. Après avoir suivi quelque temps les exercices de la maison en habit séculier, s'il persévèrent dans leur désir, ils sont reçus au rang des *novices* et en prennent l'habit.

Les novices, ainsi que les religieux, forment deux classes ; celle des novices pères ou de chœur, et celle des novices frères ou convers, selon leur destination à devenir religieux de chœur, ou seulement frères convers : le noviciat des uns et des autres dure ordinairement une année, après laquelle, s'ils persistent dans leur résolution, et qu'on les en trouve capables, ils font profession et prononcent des vœux définitifs qui les engagent irrévocablement.

Les frères *donnés* ou *familiers* sont ainsi appelés, parce que, sans se lier par des vœux et s'engager par la profession religieuse, ils *se donnent* néanmoins à la maison et deviennent réellement membres de la *famille*, mais en conservant la liberté de se retirer, quand il leur plaira; ils ne sont donc pas proprement religieux, ils n'en portent pas l'habit, et ne sont point soumis à un genre de vie aussi sévère.

Les frères *donnés* peuvent ensuite, s'ils le désirent, se soumettre aux épreuves du noviciat, et s'élever au rang des religieux pères ou frères; les pères et les novices pères peuvent descendre et devenir simples frères, mais les frères et les novices frères ne peuvent jamais monter et devenir pères.

Les charges principales sont celles d'abbé, de prieur, de sous-prieur, de cellerier, d'hôtelier et de maître des novices. L'abbé est, selon la signification même du mot, le père par excellence, le premier chef, et comme la tête de tous les membres de la communauté, qu'il est chargé de diriger selon la lettre et l'esprit des constitutions. C'est à lui de présider au chapitre, de donner l'habit religieux, de recevoir les professions, de distribuer les emplois, et d'infliger les pénitences pour les diverses infractions aux règles; il porte la mitre et la crosse, mais une crosse en simple bois, ainsi que sa croix pectorale.

Le prieur est, ainsi que l'indique son titre, le premier après l'abbé, et destiné à le seconder dans l'accomplissement des devoirs de sa charge; il le remplace même en cas d'absence ou de maladie.

Le sous-prieur remplace le prieur, à son défaut, et exerce alors toute l'autorité du premier.

Par ces sages dispositions, les inférieurs ont toujours au besoin, et comme sous la main, un supérieur à qui s'adresser.

Le cellerier ou procureur, est chargé, sous la surveillance du premier supérieur, des détails de l'administration du temporel, de la direction des travaux, du soin des meubles et outils, etc. Il est aidé dans son emploi par un ou plusieurs sous-celleriers, selon l'importance de la communauté.

L'hôtelier, selon la signification du mot, préside à l'hôtellerie et a soin des étrangers pour tout ce qui concerne le logement, la nourriture et les autres besoins matériels.

Les maîtres, soit des novices de chœur, soit des novices convers, sont spécialement chargés de leur instruction, de leur éducation religieuse, de leur surveillance et de leur correction.

Jamais un instant de récréation à la Trappe; tout le délassement s'y borne à passer d'un exercice à un autre, et à varier ainsi les occupations, de l'office au travail, du travail à la lecture, de la lecture à la méditation, et ainsi du reste. Elle semble bien longue, la journée du Trappiste, ainsi partagée entre des pratiques toutes plus ou moins austères, à des hommes auxquels pèse l'existence, qui n'ont jamais assez de plaisir, de spectacles, de nouvelles, pour perdre ou, comme ils disent, pour tuer le temps! une telle journée doit paraître un siècle; elle n'est qu'un instant rapide pour le parfait solitaire, pressé qu'il est de faire le bien, d'acquitter ses dettes, et de s'amasser au ciel un trésor. Suivons-le du matin au soir dans ses divers exercices; partout nous trouverons à admirer et à nous édifier.

Office de la nuit à la Trappe.

A minuit les jours solennels, plus souvent à une heure, mais jamais plus tard qu'à une heure et demie, la cloche invite la communauté à matines, qui le sont ainsi bien littéralement pour les Trappistes. Tous à l'instant et comme d'un même mouvement quittent la planche où ils reposaient tout habillés : ainsi nul embarras de toilette, c'est au roi du ciel qu'ils vont faire la cour; et rien ne lui plaît dans ses serviteurs que l'exactitude et le dévoûment. Aussi les courtisans sont-ils moins empressés à assiéger l'antichambre des grands et des puissans de la terre d'où dépend leur fortune. Les frères s'excitent et s'animent par une mutuelle ferveur. Si quelqu'un n'avait pas été réveillé au signal, son voisin l'avertit charitablement en frappant contre le bois de sa couche. Cinq minutes après l'office commence : les voix graves et fortes des religieux retentissent dans tout le monastère, et l'étranger qu'elles réveillent est souvent quelques instans à se rappeler où il est ; préoccupé de rêves édifians, il est incertain d'abord si c'est au ciel qu'il se trouve parmi les chœurs des anges ou sur la terre avec des hommes mortels. Qu'il est beau de voir ainsi l'office canonial chanté aux heures déterminées par l'Eglise. Hélas ! il n'existe plus qu'un petit nombre de maisons semblables où son vœu soit rempli :

Profana dum silent loca
Divina templa personent (1).

Souvent à ces mots de l'office de laudes :

Ecce jam noctis tenuatur umbra
Lucis aurora rutilans coruscat (2),

on voit en effet les ombres de la nuit s'effacer, et l'aurore s'accroître insensiblement.

Mais qu'il est ravissant ce culte de la nuit à la

---

(1) *Brev. Par.* Lorsque la nuit avec ses ombres fait régner le silence dans les lieux profanes, que les temples sacrés retentissent des louanges du Seigneur.
(2) *Brev. Cist.*

Trappe ! d'autres pourront préférer la pompe des cérémonies, la mélodie des concerts, la richesse des décorations et des ornemens dans les solennités de nos basiliques : c'est une affaire de goût; pour moi rien n'est touchant, majestueux, solennel, comme ce chœur nombreux de religieux, vêtus de blanc, pâles d'ordinaire comme leur habit, debout, immobiles, les yeux baissés vers la terre, ou à genoux, inclinés et prosternés, chantant d'une voix grave et parfois lugubre les sacrés cantiques du Seigneur, répétant ces accens du repentir et de l'amour du roi pénitent si analogues à leurs dispositions ; et cela au milieu des ténèbres, à la pâle lueur d'une lampe et dans le silence de tout le reste de la création. Oh ! c'est là surtout que les Trappistes paraissent ce qu'ils sont, des hommes sublimes, non; des anges du désert.

Cet office nocturne dure trois ou quatre heures, selon la solennité du jour ; il est suivi d'un intervalle consacré encore à des exercices de piété, à la lecture spirituelle, à la célébration des messes particulières, etc., jusqu'à primes.

Pour l'entière intelligence de ce qui précède, une observation est ici nécessaire.

La vie de la Trappe étant essentiellement une vie de communauté, la journée presque entière est distribuée en exercices communs; plusieurs fois néanmoins, ils sont partagés par des espaces libres qu'on nomme *intervalles*. Ce n'est pas que l'emploi de ces intervalles soit abandonné au caprice; le réglement veut qu'on les consacre à des pratiques de piété, seulement il ne détermine pas ces pratiques, et en laisse le choix à la dévotion des religieux. Ainsi chacun peut, selon son attrait, s'occuper alors à la prière et à la méditation dans l'église, à la lecture et à l'étude des saintes Ecritures sous les cloîtres. Quoique la nature y soit un peu moins gênée, ces momens doivent cependant être marqués au coin de la Trappe, c'est-à-dire de la mortification. On peut s'y asseoir, mais sur de simples bancs, et avec l'attention de s'abstenir de toute posture molle et lâche. Ainsi, un frère qui se permettrait de se croiser les jambes, de s'appuyer les coudes sur les genoux, ou de s'adosser au mur, etc., serait tenu de s'en accuser comme d'une faute, au prochain chapitre; ou il en serait accusé par ceux de ses frères que par là il aurait scandalisés (1).

(1) Le lecteur verra sans doute avec intérêt le tableau de la distribution des exercices journaliers:

Exercices d'hiver pour les religieux de chœur.

Le lever à une heure et demie les jours ordinaires, à une heure les jours de dimanches et les fêtes de douze leçons, et à minuit les jours de solennité.

L'office de la nuit jusques à quatre heures.

A quatre heures, intervalle pour la lecture, etc., jusqu'à cinq heures et demie.

Chapitre des coulpes.

Après prime on tient le chapitre des *coulpes*, où, comme l'on sait, chacun s'accuse publiquement des fautes qui, par oubli ou par fragilité, ont pu échapper à ces hommes d'une conscience si délicate. La règle n'admet point les étrangers au chapitre, du moins pour cette révélation. Que craindrait-elle, hélas! le scandale? certes l'homme du monde y serait plus édifié et confondu que scandalisé : il aurait bien, lui, une autre confession à faire. Cependant l'usage des proclamations ou accusations peut

---

A cinq heures et demie, prime et le chapitre, jusqu'à six heures et demie.

A sept heures et demie, tierce et la grand'messe jusqu'à neuf heures.

A neuf heures, le premier travail, jusqu'à onze heures et demie.

A onze heures et demie, sexte jusqu'à midi.

A midi, le second travail jusqu'à deux heures.

A deux heures, none jusqu'à deux heures et demie.

A deux heures et demie, le dîner suivi immédiatement d'un intervalle pour la lecture, jusqu'à quatre heures et quart.

A quatre heures et quart, vêpres suivies d'un intervalle jusqu'à six heures.

A six heures, complies et le *salve*, jusqu'au coucher qui est à sept heures.

En été, le lever est comme en hiver, le coucher une heure plus tard. Il y a aussi une augmentation de près de deux heures de travail. Quant aux autres exercices, s'ils diffèrent de ceux d'hiver pour l'heure et la durée, c'est au fond la même série de pratiques qu'il serait superflu de répéter ici.

paraître surprenant et même porter ombrage à certains esprits. Des religieux s'accuser mutuellement! où est la charité? elle est dans cela même qui vous révolte. Outre que cet exercice est comme le nerf de la discipline religieuse et que le bien général doit être préféré au particulier, c'est encore l'intérêt des individus et leur plus grand bien qui, en ceci, est consulté et ménagé. Voilà de quel œil on envisage à la Trappe ces dénonciations ou proclamations; il est d'ailleurs, comme on peut le voir plus bas, des règles sagement établies pour que le zèle ne blesse en rien la prudence et la charité. Ce religieux humblement prosterné, si l'on pouvait lire dans son cœur, on verrait à coup sûr qu'il n'éprouve d'autre sentiment que celui de la reconnaissance envers le frère bienveillant qui l'aide à connaître ses imperfections et à s'en corriger. Cela est tellement vrai, que si l'accusation intentée contre lui n'a pas été entendue du supérieur, il se sert de la parole qui en ce cas lui est accordée, pour l'avertir en disant : *on a eu la charité de me proclamer;* et pour témoigner efficacement devant Dieu sa gratitude d'un si important service, il ne doit pas laisser la journée s'écouler sans avoir récité, en faveur de celui qui l'a accusé, l'Oraison dominicale. Comme celui qui proclame peut errer, s'il reconnaît que sa proclamation est sans fondement, il se jette aussitôt aux genoux du frère accusé en signe de réparation.

Travail manuel.

Le travail est un des points de la règle de saint Benoît qui eut le plus à souffrir du relâchement aux siècles de la décadence monastique, mais que l'on a aussi plus soigneusement remis en vigueur à la Trappe et avec grande raison : plus en butte que jamais à la critique d'un monde qui se passe tout, jusqu'aux plus crians excès, mais qui ne pardonne rien aux personnes consacrées à Dieu, les religieux sont plus étroitement obligés de nos jours à un travail sérieux et productif. Ce serait peu pour eux d'être indépendans, ils doivent être utiles; peu de vivre du travail de leurs mains, il s'agit de verser dans le sein des pauvres une partie du fruit de leurs sueurs, de rompre avec le pèlerin et le voyageur le pain de l'hospitalité : sur cet article, comme sur les autres, la Trappe ne donne nulle prise à la censure la plus maligne. Nous l'avons dit, tous les religieux sans distinction s'appliquent à des travaux aussi fructueux que pénibles, aussi bien dirigés que saintement exécutés; en cela ils peuvent servir de modèles à la contrée, soit de l'activité qui bannit la paresse, soit de l'industrie qui, avec sa compagne, chasse la misère et diminue le *paupérisme*.

Cependant, comme l'esprit de Dieu dispose tout avec suavité, et fait tout avec poids et mesure, si quelque frère se portait au travail avec une ardeur excessive, ce qui arrive parfois à ces hommes que les veilles et les jeûnes en devraient, ce semble, rendre incapables, les supérieurs sont toujours là pour modérer cet excès, dans la crainte qu'il n'eût pour principe l'humeur naturelle et quelque secrète vanité, et pour effet, outre le dommage spirituel, la ruine même de la santé.

Ce n'est pas le spectacle le moins curieux ni le moins édifiant que la vue des religieux sur le lieu du travail : quel beau champ à l'imagination poétique! D'un côté, on voit la forge où les frères préparent eux-mêmes les instrumens de leurs travaux; d'un autre côté, c'est une laiterie où s'apprêtent ces fromages exquis destinés à restaurer le voyageur; ici, c'est la cuisine et la boulangerie, l'espoir du pauvre qui ne frappe jamais en vain à cet asile de charité; là, c'est un atelier de reliure, et une sorte d'imprimerie où l'on imite l'impression ordinaire à l'aide de caractères volans : les Trappistes sont réduits à composer ainsi tous leurs livres de chœur, l'impression proprement dite exigeant des frais au-dessus des facultés du petit nombre de maisons existantes. On y admire des Psautiers, des Antiphonaires *in-folio*, etc., ouvrages étonnans par le temps et les soins qu'en suppose une exécution aussi parfaite...

Silence.

Au milieu de cette activité et de ces travaux, règne un silence absolu et de la plus stricte rigueur : un mot, un seul mot serait un crime à la Trappe ; mais ce crime y est inouï ; un geste, même un signe inutile, ne resterait pas impuni et serait la matière d'une proclamation au chapitre. Cependant la communication des idées, quand elle est indispensable, se fait par signes. Cette manière de s'exprimer n'est point une innovation du réformateur ; la pratique en remonte au berceau de l'ordre même, et l'on conserve encore le dictionnaire des signes à l'usage de Cîteaux, qui est une pièce assez curieuse. En voyant ce langage de gestes, l'étranger, s'il ne savait pas qu'il est à la Trappe, pourrait prendre cette communauté pour un établissement de sourds-muets. Il y a, néanmoins, entre les signes des uns et des autres, une immense différence ; ceux des Trappistes sont beaucoup moins compliqués et plus rapides ; un seul geste exprime au moins un mot et souvent une phrase entière.

Cet éternel mutisme paraît dur et même cruel aux hommes, la malignité ne manquera pas d'ajouter, et surtout aux femmes du monde ; elle a bien fait dire à un plaisant auquel on demandait si le réformateur dom Augustin avait opéré des miracles : *S'il n'a pas fait parler les muets, il a fait taire les femmes, et une réunion de femmes;* allusion aux monastères des sœurs de la Trappe. Il faut avouer que si l'on considère l'espèce de besoin, pour le commun des hommes, d'épancher son cœur dans un cœur ami, ce silence de toute la vie passera peut-être pour la plus rude pénitence; cela, au reste, est relatif comme tous les autres besoins humains réels ou factices : ce qui serait une torture intolérable à une personne habituée à ne converser qu'avec les hommes, devient d'une pratique douce et aisée au Trappiste, dont les plus chères délices sont de converser avec Dieu dans l'oraison, et avec les saints par la lecture. Certes, on conviendra qu'on peut du moins passer des heures fort agréables avec saint Augustin, saint Chrysostôme et Bossuet; une telle compagnie peut tenir lieu de bien d'autres.

J'ai ouï dire à des personnes pieuses qui trouvaient ce silence trop rigide, qu'un mot nécessaire ne pourrait nuire beaucoup au recueillement et serait préférable à cette pantomime ridicule. Le réformateur, un homme de génie et un saint, en a jugé différemment; et il entendait apparemment son état aussi bien que ceux qui en décident ainsi fort à leur aise. Il savait qu'à un mot nécessaire, on ajoute deux mots inutiles, et qu'il est plus facile de se taire tout-à-fait que de garder la juste mesure. Il serait faux d'objecter que les signes ont les mêmes inconvéniens; la conversation par gestes offre bien moins d'attraits et beaucoup plus d'obstacles que celle d'une langue véritable : l'abus ne pourrait pas aller loin avec un dictionnaire, laissé à dessein fort imparfait, et qui n'a que des substantifs, sans articles ni adjectifs, des verbes à l'infinitif, sans modes ni temps.

J'ai lu, dans un libelle contre la Trappe, que les supérieurs, très-rigoureux à exiger de leurs subalternes l'exacte pratique du silence, sont bien moins sévères sur ce point à l'égard d'eux-mêmes; semblables aux Pharisiens qui imposaient aux autres de lourds fardeaux auxquels, personnellement, ils ne touchaient pas. Un mot suffira pour rétablir, aux yeux du lecteur impartial, ce que la malignité et la haine ont dénaturé.

Les réglemens étant pour l'édification et non pour la ruine de la communauté, on conçoit que plusieurs des employés doivent nécessairement, et dans bien des circonstances, être dispensés de la rigoureuse observation du silence. Tels sont surtout: 1° le premier supérieur, ou celui qui le remplace; il peut, au besoin, parler à tous, religieux et étrangers, mais non pas en tous lieux, car il en est, comme le chapitre, le réfectoire et le cloître, où le silence est absolument inviolable; 2° l'hôtelier a le droit de parler aux hôtes, lorsqu'il y a nécessité, utilité et convenance, mais jamais aux autres religieux;

3º le cellerier, dans les rapports indispensables de ses fonctions, soit avec les étrangers et les ouvriers, soit avec ses frères.

C'est là évidemment une dispense sage, nécessaire même à l'administration temporelle et spirituelle du monastère, et il faut avoir l'œil bien vicié pour y voir l'ombre du pharisaïsme.

Je n'ai garde d'oublier une cérémonie imposante de la grand'messe, celle de la communion générale. Lorsqu'elle a lieu, après l'*Agnus Dei*, tous les frères, selon l'usage antique des fidèles, se donnent, devant l'autel du Dieu de charité, le baiser de paix et d'union fraternelle : ils vont de là processionnellement au côté de l'épître où ils reçoivent la sainte communion, et après avoir fait le tour de l'autel, qui est à la romaine, ils reviennent à leur place, les yeux baissés, avec une gravité et un recueillement qui commandent sinon la piété, du moins le respect aux plus indévots; il serait bien superflu d'avertir les assistans de la présence de Dieu, comme autrefois les sibylles: *Deus, ecce Deus!* Certes on voit ici ces hommes de foi, tout pleins du Dieu-Homme qu'ils viennent de recevoir, tout rayonnans en quelque sorte de sa majesté, comme Moïse en descendant la sainte montagne. Cette présence de la Divinité devient sensible au spectateur pénétré lui-même tout-à-coup, comme par une communication électrique, du feu sacré qui embrase le cœur des pieux

Réfectoire.

Suivons le Trappiste de l'église au réfectoire. Dans le monde, entre ces deux lieux la distance est grande ; à la Trappe, on va à l'un et à l'autre à peu près dans les mêmes dispositions de prière et de sacrifice. La table frugale du Trappiste est encore un autel où il immole à Dieu tous les goûts et tous les mouvemens de la sensualité ; les prières qui se récitent à deux chœurs au réfectoire, soit au commencement, soit à la fin du repas, peuvent encore être regardées, par leur longueur, comme un véritable office. Des légumes cuits à l'eau et au sel, huit onces de pain bis, et de l'eau pure, voilà tout le dîner, qui est, les deux tiers de l'année, l'unique réfection des religieux, et ne se prend alors qu'à deux heures et demie. En carême, ce chétif repas est reculé jusqu'à quatre heures et quart, et pour distinguer encore plus, dans une vie toujours si mortifiée, ce temps spécialement consacré par l'Eglise à la pénitence, ils ajoutent alors, à leur rigueur ordinaire, un surcroît d'austérités, et s'abstiennent de plusieurs des alimens dont ordinairement ils se permettent l'usage. Le reste de l'année, temps où la nature se restaure à la Trappe, le dîner a lieu vers midi, et le soir il y a un souper, ou plutôt une collation assez légère. On y sert les quatre onces de pain

8

qui restent des douze onces accordées par la règle, et ce qu'on nomme une *portion*, c'est-à-dire, un peu de fromages, quelques pommes-de-terre ou betteraves en salade, etc. Certes cette singulière restauration de la nature l'emporte de beaucoup encore en austérité sur le jeûne commun des chrétiens.

Pour satisfaire la pieuse curiosité des étrangers, ils sont admis quelquefois à la *table d'hôte* de la Trappe, je veux dire à la table commune ; esprit caractéristique de la véritable hospitalité. Ces religieux sont si animés de cet esprit, que voulant en suivre, autant que nos mœurs actuelles le permettent, les usages les plus oubliés, l'abbé lui-même, ou celui qui le remplace, se présente toujours pour laver les mains aux hôtes, à leur entrée au réfectoire. Je conseillerais à tout homme qui va visiter la Trappe, d'assister au moins une fois au dîner des Trappistes ; il est assez averti que la chère ne sera pas excellente, mais il y trouvera en revanche une ample et agréable réfection spirituelle.

Au signal que le supérieur renouvelle souvent au moyen d'une clochette, le lecteur se tait, tous les mouvemens cessent, et le plus grand silence règne dans tout le réfectoire. Ces interruptions brusques et fréquentes ont pour but de réprimer les saillies de l'appétit et de prévenir ainsi jusqu'à l'ombre de la sensualité au milieu d'un repas si frugal. Quelle leçon déjà pour l'hôte qui dîne une première fois en Trappiste! Ce n'est pas tout : tantôt c'est l'un des religieux qui va, par pénitence, demander à genoux, de la charité de ses frères, la nourriture qu'il doit prendre; un moment après, on en voit un autre baiser successivement les pieds à tous les religieux, et c'est souvent un vieillard à cheveux blancs qui s'humilie à ce point; d'autres viennent se prosterner la face contre terre, et restent dans cette attitude humiliante jusqu'au signal donné par le supérieur.

On remarque au réfectoire plusieurs sentences tirées des livres saints, et analogues aux dispositions qu'y apportent les Trappistes; telles sont les suivantes : *Non in solo pane vivit homo, sed in omni verbo quod procedit de ore Dei* (1). *Melius est vocari ad olera cum charitate, quàm ad vitulum saginatum cum odio* (2).

On y voit aussi peints à fresque des crânes et autres ossemens humains. Ces images révolteront sans doute la délicatesse du siècle. Préconisés par l'Esprit saint, comme moyen puissant de perfec-

---

(1) *Matth.* IV, 4. Ce qui signifie : « L'homme ne vit pas seulement de pain matériel, mais aussi de la parole de Dieu. » Certes, le Trappiste en est la preuve ; aussi cette seconde espèce de nourriture l'occupe-t-elle bien plus que la première.

(2) *Prov.* XV, 17. « Il vaut mieux être appelé à un repas de simples légumes, où règne la charité, qu'aux festins où est servi le veau gras, mais où la haine divise trop souvent les cœurs. »

tion et d'une sorte d'impeccabilité, ce souvenir, ces images de la mort ont paru propres à triompher de la sensualité, dans la satisfaction d'un besoin impérieux dont les Trappistes, pas plus que d'autres, ne peuvent s'affranchir entièrement. Au reste, cette efficacité de l'image de la mort pour accroître les forces de l'âme et pour en exalter à propos les facultés, a été reconnue et sentie même par les hommes du monde. Doué d'une sensibilité extrême, Méhul l'excitait encore en plaçant sur son *forte-piano* une tête de mort lorsqu'il se livrait à des compositions tragiques. Bien plus, l'usage de s'entourer ainsi de l'appareil de la mort au milieu des repas remonte jusqu'aux Egyptiens. « Dans les festins, dit Anquetil (*Hist. univ.*), on » apportait sous les yeux des convives un cercueil » ou un vrai cadavre, et de temps en temps quel- » qu'un apostrophait ainsi son compagnon de » table : Regarde ce mort, tu deviendras sembla- » ble à lui. » Quelque révoltante que paraisse aujourd'hui généralement une telle pratique, on ne peut se défendre d'y voir une leçon sage et d'une haute philosophie : pourquoi flatter un corps qui sera bientôt la pâture des vers, en devenir l'esclave, l'idolâtre ? Ah ! c'est l'âme, l'âme immortelle qu'il faut nourrir de la vérité et de la justice.

Eglise de la Trappe.

L'église de la Trappe est grande pour un monastère, belle et d'une noble simplicité, ni trop claire, ni trop sombre; on n'y voit point de luxe et peu d'ornemens. Les principaux, inhérens la plupart au corps de l'édifice, sont : le plafond semé au milieu, dans toute sa longueur, de rosaces d'un bel effet, les corniches du sanctuaire de l'ordre corinthien, d'une parfaite exécution, les stalles des religieux de chœur. Il n'y a qu'une seule statue, celle de la Vierge, placée derrière l'autel, dans une niche à jour. Autrefois à la Trappe, comme dans les anciens monastères de Cîteaux, la Vierge soutenait d'une main le tabernacle qui renfermait l'Eucharistie, et qu'on appelait pour cette raison *la suspense;* du temps de l'abbé de Rancé, ce suspensoir, inusité dans les autres églises, fut traité d'innovation par des hommes dont la science, en fait d'antiquité, ne remontait pas, comme on le voit, fort loin dans la nuit des siècles. Des critiques plus sérieuses, mais non moins frivoles et aussi peu fondées, donnèrent lieu au distique suivant du réformateur, qui est tout à la fois la réfutation de ces injustes critiques, et la preuve que l'abbé de Rancé eût pu briller dans tous les genres :

Si quæras natum cur matris dextera gestat,
Sola fuit tanto munere digna parens;
Non poterat fungi majori munere mater,
Non poterat major dextera ferre Deum.

Le maître-autel, de simple bois, réunit l'élégance à la modestie ; il y a six autres autels, deux au chœur des convers, un dans la belle chapelle de Saint-Bernard, à droite de l'église, et les trois autres dans le contour derrière le sanctuaire, dont il est séparé par le mur principal. Ce nombre d'autels n'est pas trop grand pour faciliter la célébration des messes particulières qui se disent d'ordinaire simultanément, ou du moins plusieurs à la fois, durant les intervalles des exercices communs.

L'or, l'argent, excepté pour les vases sacrés, le marbre, les étoffes de soie, selon l'esprit de la règle, ne sont point en usage à l'église de la Trappe ; les chasubles, étoles et autres ornemens de ce genre y sont de laine et sans galons, avec de simples paremens en soie. La règle interdit les orgues et toute autre musique, soit vocale, soit instrumentale ; ce peut être un secours utile, nécessaire même jusqu'à un certain point à l'imperfection du commun des fidèles. Aussi l'Eglise en autorise-t-elle l'usage dans nos basiliques et autres temples de nos cités ; usage respectable par conséquent, mais dont malheureusement on n'abuse que trop, comme de tout ce qu'il y a de plus sacré. Combien de jeunes cœurs sensibles comme Augustin, mais moins pieux, vont-ils s'attendrir à ces concerts religieux, d'une manière plus que profane et qui devient sacrilége ! Combien de personnes de tout âge et de tout sexe, attirées par le charme de la mélodie, se rendent le matin à l'église avec les mêmes dispositions qui le soir les conduisent au théâtre! Quoi qu'il en soit, la piété de nos solitaires se passe aisément de ce secours; leur foi vive écarte le voile qui dérobe le Saint des saints aux regards vulgaires, elle perce le nuage dont s'enveloppe le Dieu de majesté : pour eux, les objets invisibles de la religion deviennent en quelque sorte visibles et palpables, et le Dieu de l'Eucharistie cesse à leur égard d'être le Dieu caché. Dans de telles dispositions, à quoi leur servirait le brillant de l'or, la richesse des draperies, la magnificence des décorations? Les yeux baissés et fermés à tout l'éclat extérieur, leurs esprits et leurs cœurs sont absorbés dans la contemplation de beautés et de grandeurs d'un ordre tout autrement relevé. Pour les personnes du monde qui viennent s'édifier à la Trappe, la vue seule des religieux leur tiendra lieu de tout : elle remplacera avantageusement les statues et les tableaux de nos grands maîtres toujours si au-dessous des originaux; cet accord de tant de voix fortes et sonores qui semblent n'en faire qu'une, et qu'accompagne toujours l'accent de la piété, a bien une autre vertu pour pénétrer l'âme de toutes les salutaires impressions que le son des instrumens et que les concerts les plus harmonieux. Les prières si pures, si ferventes de ces cœurs brûlans, sont un encens d'agréable odeur, dont le doux parfum embaume l'âme et fait couler les heures de l'office comme des momens. A moins que la dernière étincelle de la dévotion ne soit éteinte dans une âme, il est impossible que le feu sacré ne s'y rallume pas au milieu de ce foyer d'amour et de ferveur : en effet, elle se répète souvent à la Trappe, cette scène touchante de Rousseau pleurant de dévotion avec Bernardin de Saint-Pierre, à la chapelle des ermites du mont Valérien. Combien n'y vit-on pas d'hommes jusque là étrangers à la piété, et qui jamais ne s'étaient attendris que sur les objets de leurs passions, touchés tout-à-coup comme miraculeusement, répandre des larmes abondantes d'une subite componction capable d'étonner les Trappistes eux-mêmes! Pour moi, à la vue de ces deux longues files de religieux en habits blancs, d'une gravité si modeste, d'un recueillement si parfait et si continuel malgré la durée étonnante de leur office, facilement je me croirais parmi les chœurs des chérubins répétant alternativement et sans fin le sacré *trisagion*, ou au milieu des vieillards de l'Apocalypse, qui chantent incessamment l'hymne de louanges devant le trône de l'agneau. Pour rendre l'illusion complète et retracer exactement la double vision d'Isaïe et de saint Jean, il ne manque guère aux Trappistes que les ailes des chérubins et les palmes des vieillards.

Le Salve Regina.

Le *Salve* si renommé de la Trappe, et qui toujours produit les plus étonnans effets, n'a cependant rien de rare par lui-même; c'est à peu près le ton ordinaire de cette belle antienne, soit dans le chant romain, soit dans le parisien, qui se l'est approprié. Mais que l'on est vivement et tendrement ému en l'entendant à la Trappe! il y est chanté d'un ton solennel et très-élevé par un chœur nombreux auquel sont réunis tous les frères convers, dont les voix fortes et animées semblent n'en faire qu'une seule; le chant en est si grave, qu'on n'y met pas moins de quinze ou vingt minutes, et, chose étonnante, l'intérêt qui devrait, ce semble, languir de cette lenteur, y va toujours croissant; il est au comble lorsqu'on arrive aux exclamations de l'antienne, suivies à la Trappe de longues pauses et de prostrations de toute la communauté. Qu'ils sont touchans ces soupirs des exilés vers la céleste patrie, objet de tous les vœux de ces hommes morts au monde, *ad te clamamus exules filii Evæ!* qu'ils sont attendrissans les cris de la piété filiale, invoquant la tendresse de la Mère des miséricordes! qu'ils semblent sincères ces gémissemens des Trappistes dont tout le bonheur est en espérance! et quand on les voit, après ces vives exclamations, s'arrêter subitement, tomber à terre, on dirait des hommes qui succombent sous le poids des sentimens, des cœurs pressés, suffoqués, par le désir, la confiance et l'amour. Oh! qu'elle doit être puissante auprès de Marie, cette prière si ardente! c'est surtout alors qu'un associé aux bonnes œuvres de la maison s'applaudit de la participation spéciale dont il est favorisé.

Après complies et le *Salve*, la journée de pénitence est close par la récitation du psaume *Miserere*, expression la plus naturelle et la plus vive des gémissemens de David pénitent : cette prière, si touchante par elle-même, se fait avec des cérémonies et un appareil bien propres à faire passer dans l'âme les sentimens de componction du saint roi. On se rend pour cela au chapitre : là, au signal du supérieur, tous les religieux, comme frappés d'un coup de foudre, tombent prosternés de tout le corps; ils restent dans cette attitude tout le temps du *Miserere* dans le plus morne silence, sans le moindre mouvement, couverts de leurs coules blanches comme d'un suaire, à la lueur sépulcrale d'une simple lampe. Lorsque tout-à-coup, au second signal, ils se relèvent, on croirait assister à la résurrection générale, et entendre la voix de l'ange du jugement, citant les morts au tribunal suprême. Impossible de rendre ce qu'éprouve le spectateur : ce sont des impressions religieuses à ne s'effacer jamais de l'âme qui une seule fois les a senties. On peut, au reste, en dire autant, à proportion, de la vue des Trappistes réunis à un exercice quelconque ; c'est un tableau qui, vu dans l'enfance, se conserve dans l'esprit et le cœur jusqu'à la vieillese. Oui, si j'étais père de famille, je voudrais que mes enfans en fussent témoins de bonne heure. La première fois que j'eus l'avantage d'en jouir, en voyant ces visages austères et cet extérieur si composé, ces hommes que la ferveur de la pénitence prive volontairement de l'usage de leurs sens et rend, pour ainsi dire, aveugles, sourds et muets par choix, je ne pouvais revenir de mon étonnement et de mon admiration : j'aurais presque douté s'ils appartenaient encore à la race vivante, ou si la trompette du dernier jour avait déjà sonné pour eux.

Le Coucher.

Le *Miserere* achevé, les religieux vont tous l'un après l'autre se prosterner devant le supérieur, et en recevoir l'eau sainte qui doit achever de les bénir et de les purifier. Ainsi lavés des taches légères que ont pu ternir la pureté si délicate de leur conscience, prémunis et fortifiés contre les assauts de l'ennemi qui ne dort jamais, après une journée passée dans le travail, la prière et le jeûne, ils vont avec plus de confiance prendre sur la planche un repos de cinq à six heures, selon la solennité du lendemain. La pauvre cellule qu'accordait autrefois la réforme à chaque religieux a paru depuis à ces hommes insatiables de mortification, un luxe de commodité et un excès de délicatesse. Le dortoir actuel n'est plus qu'une sorte de longue galerie, bordée des deux côtés par de petites alcôves, fermées en devant par des rideaux de toile grossière : au reste, si la couche n'est pas molle, elle est du moins d'une préparation facile. Le Trappiste ne perd pas beaucoup de temps à ranger cette espèce de cercueil, non plus qu'à attendre le sommeil qu'il doit y prendre; la paix de la bonne conscience l'attire sans délai, et les images, les mouvemens tumultueux des passions ne viennent point l'y troubler.

Mort et funérailles du Trappiste.

Quelle vie que celle de la Trappe, image bien naturelle, par sa paix constante et uniforme, de l'éternelle et immobile félicité du ciel! Mais surtout quelle mort que celle qui couronne tant d'austérités et un si entier sacrifice! Avec quelle joie le Trappiste entend frapper la tablette funèbre qui appelle ses frères au spectacle de son agonie ou plutôt de son triomphe! Que j'envierais la faveur d'assister une fois en ma vie *au grand spectacle d'un Trappiste mourant!* (Châteaubriand.) Il expire sur la paille et la cendre, revêtu de son habit religieux, au milieu du sanctuaire et les yeux tournés vers celui qui est la résurrection et la vie; environné de ses compagnons de pénitence qui l'assistent de leurs prières dans ce dernier combat : moment décisif et terrible sans doute, mais pour le Trappiste moment prévu et ardemment désiré. Il sait que *telle* vie, *telle* mort, voilà ce qui le rassure ; il la voit venir sans crainte, il a vécu dans l'innocence ou dans une dure pénitence, il meurt sans regret : tous ses liens sont rompus d'avance. Ce serait à lui de braver la mort en lui demandant *où est sa victoire et son aiguillon;* l'éternité même n'a rien qui l'effraie, il s'y est préparé avec soin, et il ne goûte alors que des espérances. Si la vue du tribunal suprême venait encore alarmer ses derniers momens, certes, comme un autre Hilarion, il pourrait sans témérité s'encourager lui-même et trouver au fond de sa conscience une réponse de vie et d'immortalité; mais non, on voit généralement les Trappistes exempts de ces terreurs de la mort, et elle se vérifie cette sentence qu'on lit sur leurs murs : *S'il est dur de vivre ici, il sera doux d'y mourir.* Déjà dans les bras de la mort, le malade trouve encore assez de forces et de courage pour exhorter ses frères, et d'une voix qui résonne entre ses ossemens, il appelle avec autorité ses compagnons, ses supérieurs même à la pénitence.

Après avoir reçu des lèvres mourantes de leur

frère ses dernières leçons, et comme son testament, par lequel il leur laisse une estime plus grande encore de leur saint état, un amour plus vif de la vie qui est le chemin assuré pour arriver à une telle mort, lui ayant enfin fermé les yeux, les Trappistes ne l'abandonnent point. Tous ils accompagnent de leurs vœux et de la protection de leurs ferventes prières son âme au tribunal du souverain juge des justices même ; un certain nombre reste auprès de sa dépouille mortelle, psalmodiant à deux chœurs, jusqu'au moment de l'inhumation. Le service funèbre achevé, où le défunt est exposé la face découverte, tous le suivent au champ du repos où il doit dormir jusqu'au grand jour de la résurrection générale.

Comme la pauvreté volontaire l'a dépouillé de tout, il est inhumé à peu de frais, sans bière, avec son seul habit religieux pour tout suaire, et s'il était prêtre, une simple étole par-dessus. Après de longues prières pour le repos de son âme, les Trappistes, avant de se retirer, pour faire une sainte violence à Dieu même, et tirer leur frère chéri des bras de la justice pour le remettre entre les mains de la miséricorde, par un dernier effort de ferveur suppliante, trois fois ils se prosternent jusqu'à terre, souvent malgré la neige et la glace incapables de refroidir l'ardeur de leur charité ; trois fois, dans cette attitude humiliante, ils poussent d'une voix forte ce cri de grâce et de salut :

Domine, miserere super peccatore (1); cri touchant qui ne peut manquer d'être entendu et exaucé.

Le frère inhumé, on rouvre à moitié pour le premier mourant une autre fosse que tous saluent de leurs désirs. Dans les fréquentes visites qu'ils rendent à leurs frères inhumés au milieu d'eux, visites de charité pour les soulager du secours de leurs prières, visites d'édification pour s'animer par le souvenir de leurs exemples, combien de fois ne les voit-on pas à genoux, au bord de cette tombe expectante, la regarder avec complaisance, et se dire sans doute : J'espère que celle-ci sera enfin la mienne !

Et qu'on n'aille pas attribuer ces désirs de la mort, de la part du Trappiste, à un secret désespoir, au dégoût de la vie et de son état, à l'horreur de la souffrance. Loin de ces hommes de foi, de si affreuses dispositions, fruits amers de l'impiété et principes funestes de tant de suicides si malheureusement fréquens de nos jours. Non, sans doute, et il est inutile de le dire à qui connaît tant soit peu la Trappe; ces désirs de la mort dans le Trappiste sont autant d'actes d'une vertu fondamentale de la religion, l'espérance chrétienne : c'est le désir d'un exilé qui réclame à grands cris le retour dans sa patrie, d'un enfant banni de la

---

(1) Daignez, Seigneur, faire miséricorde à ce pauvre pécheur. *Rit. Cist.*

présence d'un père chéri, et qui brûle de s'élancer dans ses bras; c'est le cri d'un cœur qui soupire après la félicité, qui a faim et soif de la parfaite justice et qui voit la perfection entière et le bonheur pur non en deçà, mais au-delà du tombeau. Malheur, malheur mille fois à qui ces sentimens sont tout-à-fait étrangers! il n'est pas citoyen de la céleste Jérusalem. Certes, le Trappiste prouve assez que s'il sait mourir avec joie quand Dieu l'appelle, il sait aussi se résigner à vivre et garder son poste avec honneur et mérite; pleinement soumis à la volonté du grand maître, il voit son profit dans la vie, elle accroît son trésor pour l'éternité, il voit son bonheur dans la mort, elle lui ouvre les portes de l'immortelle félicité. Aussi, dans leurs visites au cimetière, les religieux montrent que leurs désirs plongent au-delà du tombeau. Si on les surprend sans qu'ils croient être aperçus, on les verra souvent lever les yeux vers le ciel et les reporter ensuite vers la tombe devant laquelle ils méditent, comme pour lui dire : Tu ne me renfermeras pas tout entier!

Le cimetière de la Trappe mérite l'attention du voyageur pélerin : ce n'est pas sans doute le *Père La Chaise*, c'en est même le contraste frappant; mais par la simplicité et la modestie même qui le distingue, il ne parle que plus haut à l'âme, et n'est que plus propre à pénétrer de ces leçons du tombeau qui proclament si éloquemment le rien de tout l'homme ; le rien de la beauté, de la jeunesse, de la fortune, des talens même et du génie. Là ces leçons sont voilées autant qu'il est donné à l'homme par le faste des inscriptions ; là on étouffe, autant que possible, cette voix de la mort sous le marbre des mausolées, sous les guirlandes d'immortelles. Dans ces cimetières si somptueux, comment ne pas voir un énorme contre-sens ? L'orgueil et la vanité de l'homme étalés sur le théâtre même de sa misère et de son néant ; l'infortuné gisant dans la poussière et la corruption qui veut se survivre à lui-même et attirer encore sur lui les regards et la considération ! A la Trappe, le cimetière paraît ce qu'il est réellement, *le vrai champ du Seigneur*, selon l'expression allemande qui désigne ainsi les cimetières, où le corps germe dans le sein de la terre pour se relever glorieux et immortel. C'est ce qu'indique cette inscription qu'on y remarque : *Seminatur in corruptione, surget in incorruptione* (1).

Ici point de ces monumens précieux, sentinelles impuissantes qui ne peuvent protéger les plus hautes majestés de la tombe contre la pourriture et les vers. Une simple croix de bois, où sont gravés le nom de religion du défunt, son âge et l'époque de son décès, s'élève sur sa dépouille mortelle. Ainsi, avant comme après la mort, le Trappiste est tou-

(1) 1 Cor. xv, 42.

jours lui-même, attentif à se cacher au monde, et satisfait de n'être vu et connu que de Dieu seul.

On voit cependant dans le nouveau cimetière, et sur la tombe du vénérable réformateur, une modeste chapelle au frontispice de laquelle on lit :

Rancé fit refleurir la règle dans ces lieux,
Ses cendres sont ici, son âme est dans les cieux.

On a aussi gravé, dans ce même cimetière, plusieurs sentences de la sainte Écriture : telles sont, outre celle qu'on a déjà citée, les suivantes :

Beati mortui qui in Domino moriuntur (1)!
Fiant novissima mea horum similia (2)!

Ces maximes sont là fort à propos pour venir dilater, par l'espérance, le cœur du pieux pèlerin, toujours un peu flétri et resserré par l'aspect de cette demeure des morts. Je dis du pèlerin, car les tombeaux, comme les ossemens et la cendre des défunts, ces objets en eux-mêmes si lugubres, cessent de l'être aux yeux du Trappiste, et ne lui offrent que de riantes images; tout ce qui lui rappelle sa prochaine dissolution l'avertit aussi de sa prompte délivrance et de l'approche de son bonheur, tant le ciel et la mort, qui en est pour

---

(1) Heureux les morts, qui se sont endormis dans le Seigneur! *Apoc.* XIV, 13.
(2) Puisse ma mort ressembler à la leur! Num. 23. 10.

lui le vestibule, sont des idées corrélatives et inséparables dans son esprit!

Cérémonie du lavement des pieds.

Une cérémonie des plus intéressantes, et dont l'origine remonte jusqu'au berceau du christianisme et à Jésus-Christ même, se pratique chaque semaine à la Trappe; c'est ce qu'on appelle *mandatum*, ou lavement des pieds. Il se fait le samedi, au chapitre, avant la lecture de complies, avec des circonstances et un appareil infiniment touchans pour les étrangers auxquels on permet d'y assister; c'est peut-être aussi, de tous les exercices de ces saints religieux, le plus éminemment propre à resserrer de plus en plus les liens de cette charité ardente qui les distingue et qui les unit si étroitement.

Aussi y attache-t-on tant d'importance, qu'une punition est infligée expressément, par les constitutions mêmes de l'ordre, à quiconque s'en absenterait par sa faute; et cette punition n'est rien moins que la privation de la communion du lendemain, si le délinquant est un simple frère, et s'il est prêtre, la privation de la célébration du saint sacrifice : en cela même on a cru entrer dans la pensée du Sauveur, et on a fait allusion à ce qu'il dit à saint Pierre : *Si vous refusez que je vous lave les pieds, vous n'aurez point de part avec moi.*

Deux religieux, chaque samedi, sont chargés, à tour de rôle, de rendre à tous leurs frères cet office de charité, si humble et si mystérieux. Ce sont : celui qui entre en fonctions de serviteur de table pour la semaine suivante, et celui qui a rempli cette même fonction la semaine qui finit.

Tous deux, après avoir préparé de concert l'eau, le bassin et tout ce qui est nécessaire, se présentent ceints d'un linge blanc, pour mieux retracer le divin modèle dans cette action d'humilité et de charité. Ils commencent par l'abbé, ou le premier supérieur présent, et continuent en descendant, des plus anciens aux plus jeunes en religion, l'un lavant les pieds, l'autre les essuyant, et faisant tous deux, avant et après leur office respectif, une inclination à chaque religieux qui a soin de la leur rendre avec le même respect.

Durant toute la cérémonie, qui est d'environ un quart-d'heure, la communauté chante en chœur ces beaux passages de l'Evangile, qui retracent le mémorable lavement des pieds des apôtres par le divin Maître lui-même, le commandement qu'il fait à tous ses disciples de se laver aussi les pieds les uns aux autres, c'est-à-dire, dans le sens spirituel, de se prévenir à l'envi par tous les bons offices de la déférence, du respect et de l'amour fraternels.

On y chante le magnifique éloge de la charité tracé dans l'Evangile, qui la préconise comme la reine des vertus, comme l'abrégé de toutes les lois, comme le précepte *nouveau* et *propre* du Sauveur, comme le caractère particulier de ses disciples, le signe auquel il veut qu'on les reconnaisse.

On y chante encore les avantages, la douceur et les charmes de l'union fraternelle. Que sais-je ?..... ces paroles sacrées, le chant si expressif, cette action si parlante, l'affabilité si empressée de ceux qui servent leurs frères, la reconnaissance si affectueuse de ceux qui sont servis, l'air de tendresse qui rayonne sur le visage de tous, rien en un mot dans cette touchante cérémonie, qui n'inspire, qui ne prêche la charité dont elle est le plus éloquent sermon auquel j'aie jamais assisté. Et comment cette vertu céleste n'enflammerait-elle pas les cœurs de ces bons religieux ! Dans celui qui s'abaisse si délicieusement aux pieds de ses frères, pourrait-on soupçonner le moindre levain d'aigreur ; et si durant les durs travaux de la semaine, quelque faible choc entre ces cœurs de frères avait pu causer dans l'un d'eux une légère enflure d'animosité, ne serait-ce pas trop de tant de traits brûlans de charité, pour percer cette tumeur dangereuse et en exprimer tout le venin ?

Ces émotions de tendresse, ces élans de l'amour fraternel se communiquent des religieux aux assistans, comme si une étincelle du feu céleste était tombée dans cette enceinte sacrée ; tous les cœurs se sentent portés à s'unir et à se consommer en eux.

Au sortir de là, volontiers on donnerait le baiser de paix à l'homme dont on aurait le plus à se plaindre; et certes, si j'avais à réconcilier deux cœurs ennemis, je voudrais les amener tous deux à cette cérémonie de charité.

Retraite annuelle.

Ce n'est point assez pour ces parfaits solitaires de tant de pratiques saintes, de tant de lectures pieuses, de tant d'exhortations communes et de méditations particulières, de ces exercices spirituels sans fin, de ces offices interminables qui les occupent le jour et la nuit. Chaque année ils consacrent dix jours à des réflexions plus sérieuses encore, à une retraite proprement dite, durant laquelle ils se montrent, s'il est possible, aussi différens d'eux-mêmes qu'ils le sont d'ordinaire des autres fidèles. Quoique réunis alors pour ces exercices, chacun monte cependant, comme Moïse, avec Dieu seul, sur la sainte montagne, oubliant qu'il est avec d'autres hommes, qu'il a un corps et qu'il est encore dans ce bas monde.

Le réformateur a fait de cette retraite annuelle un point de la règle, et par conséquent une obligation pour les religieux. Tous sont convaincus du grand besoin qu'ils en ont pour se purifier, se ranimer et se soutenir dans leur héroïque résolution. Il faudrait entendre avec quelle éloquence le supérieur inculque ce besoin dans l'instruction préparatoire à la retraite. J'ai eu l'avantage d'assister à cette instruction, et je citerai ici, pour l'édification des mes lecteurs, une comparaison de ce digne supérieur :

« Voyez, disait-il, une montre, une horloge si parfaite qu'on la suppose ; pour qu'elle soit constamment bonne, qu'elle exécute avec précision tous ses mouvemens, qu'elle marque avec exactitude les heures et les minutes, il faut de temps en temps la réparer et comme la renouveler ; pour cela, on la démonte, on l'examine avec soin et pièce par pièce, afin de prévenir ou de corriger les diverses causes de dérangement qui peuvent résulter du frottement des rouages, de l'insertion de corps étrangers, d'une altération quelconque de son mécanisme.... L'application est facile : nous sommes des horloges spirituelles, destinées, dans les vues de la suprême sagesse, à retracer exactement, quoique librement, dans tout le détail de notre vie, les préceptes et les conseils évangéliques, les vertus chrétiennes et religieuses, l'esprit et les divers points de la sainte règle. Nous sommes, en un mot, selon l'expression de saint Chrysostôme, des évangiles vivans, des exemplaires animés de la règle que nous professons. Nos prières, nos oraisons et nos exercices de chaque jour, ont pour but de remonter, pour ainsi dire, les ressorts de notre âme, d'en exalter saintement les facultés, de lui inspirer l'activité et l'énergie nécessaires à la ponctuelle observance de nos devoirs journaliers. Le propre de la retraite est de nous renouveler, de nous retremper dans la ferveur, de faire de nous, selon le langage de l'Ecriture, des hommes nouveaux et comme rajeunis. C'est à chacun de nous, pour atteindre ce but heureux, à prendre son âme dans la main; à en examiner, avec le flambeau de la foi, toutes les facultés, l'une après l'autre, tous les défauts et toutes les imperfections, à porter le glaive évangélique jusque dans les replis les plus intimes, afin de polir, de couper, de retrancher généreusement tout ce qui peut s'opposer à sa marche rapide vers la perfection, à puiser enfin, dans la méditation sérieuse des vérités éternelles, une abondante provision de courage et de force pour n'être arrêté par aucun obstacle, jusqu'à la prochaine retraite. Ainsi d'année en année, toujours nous purifiant et nous renouvelant, nous irons de lumière en lumière, de vertu en vertu jusqu'au grand jour de la vie future. »

Cette retraite se fait vers la fête de la Purification, époque du changement des emplois, comme du renouvellement des religieux. Pour prévenir tout attachement humain à une charge, à un poste quelconque, chacun d'eux, le premier supérieur excepté, est sujet à ce changement de ministère. Ainsi, après les saints exercices, chaque frère dépose entre les mains de l'abbé les insignes de sa charge; le portier, par exemple, les clefs de la porte; le célérier, celle de la procure. Ce n'est pas tout : persuadé qu'après avoir brisé avec courage des chaînes de diamans, on peut venir se prendre dans des toiles d'araignée; qu'après avoir fait le généreux sacrifice de ses parens, de ses amis, de ses biens et de sa liberté même, on est exposé, en religion, à s'attacher à des riens, à un meuble vil et pauvre, dont on n'a que le simple usage, le réformateur a sagement réglé qu'on se dépouillerait aussi annuellement de tous ces petits objets, comme couteaux, images, chapelets, etc. Tout cela est remis en commun sur une table, pour être de nouveau distribué au gré du supérieur. Quel amour de la sainte pauvreté? Quelle précaution contre toute affection déréglée! Mais aussi quelle leçon à ces chrétiens du monde, qui, contens de ne pas s'approprier injustement le bien d'autrui, ne jettent jamais un regard investigateur sur la manière dont ils possèdent les richesses dont Dieu les favorise, ni sur l'emploi qu'ils en font!

Réfutation des objections contre la vie de la Trappe.

Voilà cette Sparte chrétienne si supérieure en tout à celle de la Grèce païenne, d'où sont bannis tous les vices qui souillèrent celle-là, où l'on admire la réalité de toutes ces héroïques vertus dont l'autre n'offrit que l'ombre ou le masque ; voilà la Trappe si justement fameuse dans les fastes de l'Église, si pleine de beautés de l'ordre le plus élevé, si digne de l'attention du moraliste, de l'admiration du philosophe et de l'émulation du chrétien. Et cependant, qui le croirait, il s'est rencontré des hommes d'esprit, des sages, qui, en quittant la Trappe, résumaient toutes leurs émotions en disant : *ce sont des fous*. De grâce, philosophes, un moment d'examen ; avant de décider si légèrement, voyons si vous pourriez soutenir le parallèle et leur disputer la palme de la sagesse. Quelque opinion qu'on s'en fasse, la sagesse emporte nécessairement l'idée de principes fixes auxquels tout le détail de la vie se coordonne ; maintenant répondez, sages du monde, avez-vous de tels principes, quels qu'ils soient, vrais ou faux, qui fassent pour vous règle de conduite ? avez-vous une fin, un but, vous qui errez de droite à gauche, toujours flottans au gré de vos cupidités volages ? Mais je vous entends : pour être heureux on doit céder à ses penchans. Pourquoi donc vous plaignez-vous sans cesse ? pourquoi le bonheur vous fuit-il toujours ? pourquoi la paix, la douce paix vous est-elle inconnue ? Voyez-vous le Trappiste, que vous traitez d'insensé, déplorer ainsi son sort, désirer sans cesse ce qu'il n'a pas, et n'être jamais satisfait de ce qu'il a ? Essayez de le faire consentir à être heureux comme vous! Pourquoi dites-vous ces austérités absurdes? et pourquoi admirez-vous celles des philosophes du paganisme; pourquoi exaltez-vous si fort la pauvreté de Diogène, la sobriété de Fabius, la patience de Socrate, etc.? Les grandes vertus ne seraient-elles donc dignes d'éloges que dans les héros de l'antiquité païenne? Pourquoi ces austérités? Si vous aviez foi au dogme de la reversibilité, je pourrais vous dire que c'est pour apaiser la colère du ciel irrité contre les excès du monde auxquels vous avez peut-être bonne part; pour conjurer la foudre grondant déjà sur les têtes criminelles, et qui souvent, en faveur de l'innocent, épargne le coupable. Mais à des philosophes je dirai: C'est pour faire régner l'esprit sur la chair, pour dompter les passions, vrais tyrans de ceux qu'elles asservissent, comme vous en avez peut-être la triste expérience personnelle. Sans prendre avec emphase le titre de philosophes, les Trappistes ont de la bonté divine des idées non moins justes, mais plus étendues et plus profondes que les vôtres; pas plus que vous ils ne s'imaginent que Dieu se plaise à voir souffrir ses enfans, mais ils pensent qu'il aime à les voir prendre avec courage les moyens qui les affranchiront des penchans déréglés, les remèdes qui guériront leur âme de ses maladies, à peu près comme la mère la plus tendre verra avec joie prendre à son fils bien aimé, et lui présentera même au besoin, une potion amère, mais efficace pour lui rendre la santé.

Pourquoi ce silence éternel? Pourquoi? pour ne pas profaner le don de la parole par des médisances, des calomnies, des disputes et des contestations sans fin.

A quoi bon ces habits de bure, cette couche si pauvre, ce retranchement de toutes les commodités de la vie? A quoi bon? à apprendre au commun des hommes, et à bien des philosophes même, à ne pas abuser des bienfaits du Créateur; que la nature se contente de peu, et qu'il est mille superfluités dont le vrai sage sait se passer. A quoi bon? à mettre en réserve pour les malheureux tout ce que vous consumez en riches étoffes, en meubles précieux, en mets recherchés. Vous ne direz pas, j'espère, à quoi bon cultiver la terre, faire germer dans un sol stérile les plus riches moissons, offrir aux cultivateurs de la contrée des modèles d'activité et d'industrie?

Mais à quoi bon passer tant d'heures à l'église? A quoi bon passer tant d'années à la cour, y dévorer tant d'ennuis et de rebuts, dans l'espoir toujours incertain, souvent trompé, d'obtenir une place, un vain titre, un morceau de ruban? Certes, ce ne sont pas de pareilles frivolités, misérables hochets bons à amuser des enfans, qui attirent et retiennent ces religieux devant les autels; ce n'est pas seulement l'espoir, c'est l'assurance de gagner les bonnes grâces du grand Roi, d'obtenir une place distinguée à sa cour, une couronne d'immortalité, un poids immense de gloire et de bonheur. Pensez tant qu'il vous plaira que leur croyance n'est pas fondée; qu'importe, dès que leur conviction est réelle. Vous aspirez avec défiance, ils attendent avec certitude; vous avez des rivaux à craindre, ils n'en ont pas, la récompense qu'ils se promettent est incomparablement supérieure à celle que vous poursuivez; en bonne logique, il est clair qu'ils se trouvent beaucoup plus heureux à l'église que vous à l'antichambre d'un grand dont vous briguez la faveur. Quand donc leur croyance serait une illusion, dès qu'elle les rend vertueux, bienfaisans, utiles à la société, contens et heureux, où est la folie? Mais si leur opinion n'est que la vérité même, que penser de ceux qui les méprisent? Dans tous les cas, leur philosophie vaut bien la vôtre. Les Trappistes s'étudient, non pas comme vous, à bien parler, mais à bien vivre; non pas à charmer les hommes par le brillant de l'esprit, mais à les édifier par la pratique des solides vertus; non à subjuguer les autres par l'entraînement de l'éloquence, mais à triompher d'eux-mêmes et à vaincre les penchans de la nature corrompue. Ils n'aspirent pas à sonder la profondeur des sciences profanes, à pénétrer les secrets de la nature, mais à s'avancer dans la science des saints, à cultiver le grand art de la perfection et du bonheur. Plus simple à la fois et plus sublime, leur philosophie plonge tout entière dans cet avenir sans fin, où sera bientôt confondue toute la sagesse du siècle.

Ce n'était pas assez de vouloir les avilir, il a fallu les persécuter. On le sait, ils furent bannis de la France au nom de la liberté, ces hommes vertueux dont la France n'était pas digne ; ils furent chassés de leurs propriétés, privés de leurs biens par la philanthropie du temps, ces solitaires bienfaisans toujours près à se dépouiller en faveur du pauvre ; ces dignes observateurs de l'antique hospitalité, qui offrirent toujours avec tant de bienveillance un asile au voyageur et à l'étranger, ils furent forcés de chercher aux contrées lointaines une étroite retraite que la patrie leur refusait, un coin de terre où il leur fût permis de continuer à adorer Dieu et à faire du bien aux hommes. Si du moins on avait pu colorer de quelque spécieux prétexte cette indigne violation de la liberté individuelle ; mais que leur reprocher ? Étrangers aux intrigues et à toutes les agitations des partis, ils ne s'appliquaient qu'à attirer par leurs prières la bénédiction du ciel sur leur ingrate patrie ; qu'à donner à leurs concitoyens l'exemple de la soumission aux lois, de la paix, de la concorde et de toutes les vertus sociales et religieuses. Mais patience, le ban porté contre eux est levé ; ils sont libres de racheter une partie de leurs biens vendus, de relever leurs maisons ruinées, de défricher de nouveau leurs terres, où l'épine et la ronce ont eu tout le temps de pousser de profondes racines. Et voilà cependant tout ce qu'ils demandent au monde, la liberté de servir Dieu à leur manière, la liberté de cultiver les landes et les bruyères de leur désert; ils sauront encore en tirer, à la sueur de leur front, leur pain de chaque jour, qu'ils partageront, comme auparavant, avec le pauvre et le pélerin; la liberté d'y creuser leur fosse, d'y déposer leurs os, d'y reposer en paix au milieu des cendres de leurs pères : heureux si de nouveaux progrès dans la liberté n'amènent pas de nouvelles persécutions!

Préjugés sur la Trappe.

On a répandu sur la Trappe bien des erreurs qui sont, de nos jours, encore presque généralement accréditées, et qu'il ne sera pas inutile de relever ici.

J'ai souvent ouï dire que les Trappistes, en s'abordant, se disent l'un à l'autre : Frère, il faut mourir. La vérité est qu'ils ne se disent rien; le silence rigoureux de la Trappe ne leur interdisant pas moins entre eux les paroles édifiantes que les propos vains et inutiles. Seulement chaque religieux, selon l'esprit de sa vocation, se le dit ou se le doit dire fréquemment à lui-même; la pensée du tombeau et de l'éternité devant être familière dans un lieu qui est l'apprentissage de la bonne mort.

Chaque Trappiste, dit-on encore, travaille à creuser tous les jours sa propre tombe. Cela est également faux. Ce qu'il y a de vrai, et qui peut avoir donné lieu à cette erreur, nous l'avons dit : c'est qu'une tombe à demi creusée reste continuellement ouverte dans le cimetière pour le premier religieux que la mort viendra frapper, et qu'une des pratiques de méditation, particulières néanmoins et libres, c'est d'aller de temps en temps la contempler, et se dire chacun sur cette fosse, qu'elle sera peut-être enfin pour soi.

On reproche assez généralement aux Trappistes de négliger leur santé au point de bannir de la maison toute médecine, et d'y laisser sans aucun secours de l'art les individus malades. Certes le tableau véritable des austérités de la Trappe est assez chargé pour qu'on soit dispensé de le rembrunir par des couleurs aussi noires et aussi révoltantes. Les réglemens dont nous donnons l'analyse prouvent que, dès le principe de la réforme, il y eut, et il dut toujours y avoir des médecins et une pharmacie, et que les malades, loin d'y être abandonnés par un esprit de fanatisme, y sont traités au contraire avec la charité la plus compatissante et les soins les plus empressés. Jamais assertion ne fut plus en opposition avec la vérité que cette imputation calomnieuse, surtout depuis le rétablissement de la Trappe du Perche; les villes et les bourgades voisines savent, à leur grande satisfaction, que l'un des Pères est un docteur célèbre de la Faculté de Paris; qu'il donne ses soins, non-seulement aux malades de la maison, mais à ceux du dehors qui viennent en foule le consulter, attirés par le bruit de sa réputation et des cures merveilleuses que, chaque jour, on lui voit opérer. Aussi ses consultations sont-elles une vraie clinique, suivie par nombre d'élèves qui, après avoir fait à son école la plus grande partie de leur instruction médicale, vont prendre à la Faculté de Paris leurs inscriptions et leurs degrés. Un prospectus donné par ce docteur, et qui tout récemment vient de paraître, fera voir de quel œil il envisage son art, et sera la meilleure réfutation de ces bruits calomnieux. La perte de ce digne médecin serait, au dire des habitans de la contrée, une véritable calamité pour le pays.

Amour des Trappistes pour leur règle.

La vie des Trappistes est un mystère pour le monde; il n'est pas étonnant qu'on porte sur elle tant de faux jugemens. Ainsi, aux yeux de bien des gens, les Trappistes, engagés sous ce joug de fer, dans un moment d'exaltation, et par un mouvement de ferveur passagère, ne tardent guère à être en proie au repentir et aux regrets ; ce sont, la plupart, des esclaves qui rongent leur frein, et qui ne sont retenus dans cette région de deuil que par l'indissolubilité du lien sacré et par l'ascendant despotique des directeurs de leur conscience.

Il est faux d'abord que les religieux profès aient pu s'engager par un mouvement de ferveur indiscrète, et sans les plus mûres réflexions. Il suffit, pour s'en convaincre, de considérer par quelles épreuves il leur a fallu passer, et combien de degrés ils ont eu à monter pour arriver enfin à la profession. L'aspirant, ou celui qui demande à être admis aux épreuves du noviciat, n'entre pas d'abord de plein pied dans ce vestibule de la religion : outre les réflexions qu'il a dû faire, à part lui, pour se résoudre à tenter une entreprise si haute et si difficile, pour triompher des assauts que lui livrent d'ordinaire, dès le départ, la nature, la chair et le sang, arrivé à la Trappe, il est retenu plusieurs jours à l'hôtellerie, tant pour se délasser des fatigues du voyage que pour éprouver déjà et affermir sa détermination. Et ce n'est pas sans sagesse qu'on le soumet, dès le début, à cette espèce d'épreuve : le seul aspect de cette sombre retraite, la vue réfléchie des rigueurs et des austérités qui la distinguent, suffisent souvent pour effrayer et faire reculer ceux dont la vocation n'est pas solide, ni la résolution généreuse.

Or, il est bien moins fâcheux de congédier ainsi d'abord ces hommes sans courage, comme jadis les lâches de l'armée de Gédéon, que de les voir déserter bientôt, mais après s'être enrôlés d'une manière quelconque sous l'étendard de la religion.

Lorsque l'aspirant persiste dans sa demande, au bout de quelques jours il entre en exercice avec la communauté. Le matin, après Prime, il paraît au Chapitre au milieu de tous les frères réunis; il se prosterne de tout le corps la face contre terre, et, dans cette posture suppliante, interpellé par le supérieur en ces termes : *Quid petis?* que demandez-vous? Il répond : *Misericordiam Dei, et vestram*, la miséricorde du Seigneur et l'indulgence de la Communauté. Après cette réception, il conserve encore quelques jours, ou même quelques semaines, ses habits séculiers, plus ou moins long-temps, selon qu'il montre une volonté plus ou moins forte. Reçu ensuite au nombre des novices et revêtu de leur habit, chaque jour on lui lit et on lui explique la règle à laquelle il aspire. Tous les trois mois, durant l'année de ses épreuves, il renouvelle solennellement sa pétition en plein Chapitre, avec les cérémonies d'usage. A chacune de ses pétitions, et surtout à la dernière, on retrace à ses yeux toute l'étendue et toute la sévérité des engagemens qu'il veut contracter. On lui représente que, libre encore, il peut, en conscience, se retirer, mais que le dernier pas une fois fait, ce sera sans retour et pour jamais.

Malgré tous ces avertissemens et toutes ces épreuves, le novice ne fait profession qu'après une retraite de huit ou dix jours, consacrée à sonder son cœur jusque dans les replis les plus intimes, et à peser devant Dieu, dans la balance de la réflexion, tous les motifs et toutes les suites de la démarche qu'il médite.

Je le demande maintenant, est-ce là se déterminer à la légère et par un mouvement irréfléchi? Certes, il s'en faut qu'on procède d'ordinaire avec autant de sagesse et de maturité quand il est question de s'engager au milieu du monde dans des états où, incontestablement, les périls ne sont pas moins redoutables, ni les regrets moins amers et moins fréquens (1)!

---

(1) Cette cérémonie de la vêture, ou prise d'habit, toujours fort imposante, le devient bien davantage lorsque le postulant est un vieux soldat, un officier distingué; ce qui autrefois n'était pas rare à la Trappe, ce qui n'y est pas sans exemple de nos jours. Il se présente au chapitre avec ses insignes et ses décorations, couvert souvent de glorieuses cicatrices qui ne le décorent pas moins. Rien de plus beau, de plus ravissant à l'œil de la foi qu'un tel spectacle: ce haut rang d'où le novice demande à descendre pour occuper la dernière place parmi les humbles serviteurs de Dieu, il s'y était élevé avec tant d'ardeur, et par tant d'efforts, en parcourant péniblement tous les degrés inférieurs de la milice! Ce ruban, cette croix d'honneur qu'il vient

Puissent ceux qui blasphêment ainsi la plus pure vertu lire au fond de la conscience de ces hommes trop sublimes pour être compris! ils les verraient attachés à leur sainte vocation, bien plus par estime, par reconnaissance et par amour que

échanger contre un habit vil et grossier, il était allé les gagner, les chercher sur la brèche, au milieu des périls, à travers le fer et le feu. Quelques jours auparavant, on lui eût arraché la vie plus aisément que ce titre, que cette marque de distinction; on ne l'eût pas insulté sur lui impunément: aujourd'hui il en fait le libre sacrifice, avec tout le sang-froid de la réflexion, tous les transports de la plus vive allégresse! Cet homme n'aspirait, en un mot, qu'à la célébrité du monde, et n'aspire maintenant qu'à l'obscurité du cloître. *Que demandez-vous?* lui dit le supérieur devant lequel il est prosterné en suppliant, *quid petis?* Certes, il eût répondu jadis: De la fortune, des plaisirs, mais surtout de l'honneur et de la gloire. A présent, il borne son ambition à demander la miséricorde du Seigneur, et comme moyen de l'obtenir, le travail, la pauvreté, la souffrance, l'humiliation, *misericordiam Dei*. Quel renversement d'idées! c'est ce que le monde appelle folie; la religion, sagesse. Oui, sainte folie, sage renversement, heureuse conversion! l'esprit et le cœur, chez cet homme, étaient tournés vers les biens et les honneurs périssables de la terre, qui remplissaient son âme tout entière. Il se retourne sagement vers sa fin sublime, vers la gloire solide et les biens immortels du Ciel, qui désormais l'occuperont sans partage. C'est bien assurément la meilleure part, quoique la moins enviée. Aussi, il faut entendre avec quels accens de reconnaissance on chante, à la Trappe, durant cette cérémonie, le beau cantique d'actions de grâces: Béni soit le Seigneur Dieu d'Israël, de ce qu'il a daigné visiter les siens et les retirer de la servitude. *Benedictus dominus Deus Israel, quia visitavit et fecit redemptionem plebis suæ.* Cant. Zach. Luc. 1.

par tous les autres liens possibles; ils les verraient chaque année, au renouvellement solennel de leurs vœux, ratifier ce divin engagement dans toute la sincérité et l'effusion d'un cœur épanoui d'allégresse; ne regretter qu'une chose, de s'être mis trop tard dans l'heureuse nécessité d'être à Dieu sans partage.

Mais il nous est facile de prouver, par des faits incontestables, la fausseté du préjugé injurieux que nous combattons. Avec d'aussi malheureuses dispositions que celles qu'on leur prête, les Trappistes demanderaient, ou du moins désireraient une mitigation : ils l'accepteraient avec enthousiasme, si elle était offerte et acceptable en conscience. Eh bien! ces occasions si favorables au relâchement se sont présentées maintes et maintes fois. A diverses époques, depuis l'établissement de la réforme, on a proposé des adoucissemens à la sévérité de la règle. Les religieux, consultés et engagés par les supérieurs même à dire franchement leur avis, ont constamment répondu à l'unanimité que la règle était encore trop douce à leur gré, et que, pour les satisfaire, il faudrait ajouter au lieu de retrancher aux austérités. On peut voir ces témoignages dans les *Vies des Saints*, par Godescard, ouvrage si justement estimé, et qui est entre les mains de tout le monde : « Quelques personnes, dit cet auteur, ayant, en 1664, taxé cette réforme d'une rigueur excessive, l'abbé de Rancé fit assembler ses religieux, et leur ordonna de dire naïvement ce qu'ils en pensaient. Ils s'écrièrent tous que leurs mortifications étaient bien légères, en comparaison de ce que méritaient leurs péchés passés, et qu'ils rougissaient de leur peu de zèle à satisfaire à la justice de Dieu. En 1687, un certain prélat voulant que l'on usât de quelque indulgence à l'égard des frères convers, le même abbé fit venir ceux-ci au chapitre, afin qu'ils y déclarassent leurs vrais sentimens. Ils parlèrent tous de manière à convaincre qu'ils chérissaient leur état, et qu'ils étaient dans la disposition de s'assujétir à de nouvelles austérités. »

La même chose eut lieu depuis avec plus d'éclat, à la Val-Sainte, et sous le régime de dom Augustin : on le dépeignait comme le tyran de ses frères qu'il accablait d'un fardeau intolérable. Ces plaintes parvinrent aux oreilles du pape. Les enfans de dom Augustin crurent devoir protester contre ces bruits calomnieux. Après avoir dit qu'ils parlaient devant Dieu, scrutateur des cœurs, ils consignèrent par écrit leurs déclarations qui furent remises au nonce de Sa Sainteté, en Suisse, et qui ont été conservées dans les réglemens de la Val-Sainte. Elles portaient en substance qu'ils étaient sous leur règle contens et heureux, autant qu'on peut l'être ici-bas ; qu'ils sentaient leur joie s'accroître en raison de leurs austérités, et surtout de leur fidélité; qu'ainsi, ils priaient ceux qui voulaient leur bonheur de demander pour eux, au lieu d'adoucissemens, une plus grande fidélité à leur règle.

N'est-il pas surprenant que ces plaintes éternelles sur l'excessive austérité de la Trappe viennent toujours du dehors, jamais du dedans, des gens du monde qui ne touchent pas à cette règle du bout du doigt, non de ceux qui en portent avec courage tout le poids? Ne serait-il pas plus naturel de laisser aux patiens le soin de se plaindre eux-mêmes de l'excès de leurs souffrances? Mais mieux, n'y aurait-il pas plus de sagesse à ces chrétiens d'examiner devant Dieu s'ils en font assez eux-mêmes que de murmurer sans cesse de ce que d'autres en font trop? Le mot de l'énigme est facile à deviner; la pénitence des uns est un reproche perpétuel de l'impénitence des autres. On se révolte donc, on voudrait anéantir cette censure incommode. Voilà tout le secret. Mais en ce cas, il est bien d'autres voix accusatrices à étouffer : il faut faire taire aussi la voix des prophètes, des apôtres, de tous les saints; que dis-je? il faut faire taire Jésus-Christ et son Evangile : rien qu'il proclame plus hautement que la nécessité de la mortification intérieure et extérieure. Pour être, non point religieux, non point trappiste, mais pour être tout simplement chrétien, son disciple, en un mot, il faut se haïr, porter sa croix, crucifier sa chair avec ses convoitises; le grain de froment doit mourir avant de rien produire (1).

Ce n'est pas, dit-on, la mortification ni la pénitence que l'on prétend blâmer; c'est l'excès, qui est vicieux jusque dans les meilleures choses. Fort bien; mais êtes-vous juges compétens sur cette matière délicate? Connaissez-vous bien le point fixe, les limites précises qui séparent ici le devoir de l'excès et du défaut? Et d'ailleurs que vous importe la vie des Trappistes? Ils ne prétendent pas vous obliger à les suivre dans la pénible carrière où ils sont entrés; ils savent que c'est une vocation particulière qui les tire de la voie commune, une grâce spéciale que Dieu n'accorde qu'à un petit nombre d'âmes choisies, et dont ils lui sont infiniment reconnaissans; ils n'ont garde néanmoins de se préférer aux autres, de mesurer comme les Derviches et les Brachmanes leur sainteté sur la grandeur des macérations. Ils ne les regardent que comme des moyens nécessaires à l'expiation de leurs fautes, à la victoire sur leurs passions et à l'acquisition des vertus chrétiennes et religieuses. C'est surtout à ces vertus intérieures qu'ils s'attachent, comme à l'essentiel de la perfection; et, autant qu'il est en eux, ils mettent en harmonie, avec leurs austérités, la componction, l'humilité et surtout la charité.

(1) Joan. XII, 24 et 25; Galat. v, 24.

C'est aux supérieurs ecclésiastiques et réguliers à veiller sur ces âmes ferventes, à les retenir au besoin, et à empêcher que leur courage ne les entraîne au-delà des bornes. Quant aux chrétiens tièdes et languissans, pour ne rien dire de plus, qui ne veulent donner à Dieu que ce qu'ils pensent lui devoir en rigueur, ont-ils bonne grâce de reprocher à ces hommes généreux et dévoués la ferveur qui les porte à sacrifier tout sans supputer ni réserver rien? Sans doute, il y a plusieurs degrés, et les places sont différentes dans le royaume de Jésus-Christ. Que ces lâches soldats à qui tout fait peur restent donc, à la bonne heure, au poste qui convient à leur pusillanimité, aux derniers rangs, hors de la mêlée et loin de l'ennemi; qu'ils ne viennent pas du moins insulter à ces héros de la religion que rien n'effraie ni n'arrête, qu'une ardeur bouillante met toujours en avant tête baissée, au hasard de se trouver parfois engagés trop loin.

TROISIÈME SECTION.

—

Notices historiques sur quelques Religieux.

La Trappe, depuis la réforme de l'abbé de Rancé, ne s'est jamais démentie ; elle a toujours brillé du même éclat, et passe encore de nos jours pour l'image la plus parfaite de l'ancienne Thébaïde. Telle a toujours été la réputation de cette famille de saints, qu'on a vu de tout temps s'y réfugier, en grand nombre, d'illustres personnages désabusés de la vanité et de l'orgueil. On trouve l'histoire de plusieurs Trappistes plus ou moins célèbres dans un ouvrage en six volumes, intitulé : *Relations de la vie et de la mort de quelques religieux de la Trappe*. D'après ces relations fidèles écrites dans le temps et sur les lieux mêmes, des revers inattendus, de profonds chagrins, quelquefois des passions malheureuses, souvent l'innocence et une grande piété, telles furent les causes qui déterminèrent tant de vocations à jamais mémorables pour une vie si dure et si abjecte. Ces relations, malgré l'imperfection du style, ne peuvent qu'intéresser infiniment les personnes en qui le monde n'a pas éteint le feu sacré de la religion.

Parmi les hommes distingués dans le siècle qui se retirèrent à la Trappe, nous en citerons ici un petit nombre sur lesquels nous croyons devoir donner quelques détails, qui pourront servir comme d'échantillon de l'ouvrage cité, auquel nous les empruntons.

LE COMTE DE SANTENA,
Appelé en religion frère Palémon.

Il était originaire du Piémont, fils de Tana, gouverneur de Turin, et l'un des plus grands seigneurs du pays. Il suivit de bonne heure le parti des armes, et fut dans cette profession ce que sont ordinairement la plupart de ceux qui s'y engagent : le plaisir et l'ambition étaient ses idoles, auxquels il sacrifiait tout. A l'en croire lui-même, peu de pécheurs poussèrent plus loin l'iniquité. Cent fois, depuis sa conversion, on lui a ouï dire que s'il y avait quelque crime dont il fût innocent, c'est qu'il n'avait pas eu intérêt ou occasion de le commettre. Publier la vie des insignes pécheurs, lorsqu'elle a été couronnée d'une conversion sincère et éclatante, c'est faire et leur panégyrique et l'éloge de la grâce et de la miséricorde du Seigneur.

Le comte de Santena se roulait dans ses chaînes, sans sentir sa captivité, lorsque Dieu, dans sa bonté, lui ouvrit les yeux, par un trait de sa grâce qui tient du prodige. Se rendant de Lille à Béthune, à la tête de son régiment, un mal de jambe l'obligea à faire la route en voiture. Pour charmer l'ennui, il se mit à lire l'histoire de Joseph dans la sainte Écriture. Cette lecture le frappa d'une manière inattendue.

Les deux nuits suivantes, les réflexions dont il fut absorbé chassèrent entièrement de ses yeux le sommeil. Vers le milieu de la seconde nuit, pressé par sa conscience, il se lève subitement, se prosterne devant Dieu, et lui dit dans la sincérité de son cœur : Parlez, Seigneur, que voulez-vous que je fasse? Tout-à-coup, semblable à un homme qui sort d'une profonde léthargie, il ouvre les yeux à la céleste lumière; les vérités de la religion, que jusqu'alors il avait méconnues, se révèlent à son esprit, comme *face à face et sans voile*. Aussitôt qu'il fit jour, il se rendit à l'église des pères jésuites, pour y découvrir sans délai sa conscience à un ministre de la réconciliation. Dès ce moment, il fut si touché de componction, qu'il résolut de quitter tout pour ne plus s'occuper que de son salut et de l'expiation de ses fautes. Après une mission qu'il fit à Béthune, où il se confirma dans sa généreuse résolution, il se rendit à l'institution de l'oratoire à Paris, avec l'intention d'y passer le reste de ses jours dans la solitude d'une vie pauvre et laborieuse; mais, ayant fait ensuite un voyage à la Trappe, il fut fort édifié de l'austérité de cette maison et manifesta dès-lors une préférence marquée pour ce genre de vie si conforme à ses goûts, disant que, s'il l'avait connu, il ne se serait pas arrêté à celui que d'abord il avait choisi.

Il s'en tint là pour cette fois; mais, cédant à un attrait secret, il fit, peu de mois après, un second voyage à la Trappe : on y faisait les obsèques d'un religieux nommé Palémon, gentilhomme natif de Saint-Omer, et qui avait été capitaine d'un régiment d'infanterie. C'est l'usage à la Trappe d'exposer les religieux morts, revêtus de leurs habits réguliers, sur une bière au milieu du chœur. Le comte de Santena, qui assistait à la cérémonie, en fut si touché qu'il demanda à prendre la place et le nom du défunt, ce qui lui fut accordé. Ayant reçu l'habit de novice peu de jours après, on peut dire, en toute vérité, que les souhaits de l'Eglise, dans cette cérémonie, se réalisèrent en lui à la lettre : *que le Seigneur, après l'avoir dépouillé du vieil homme, le revête du nouveau* (1), car, dès ce moment, on ne vit plus en lui, ni mouvement, ni action, ni sentiment qui ne fussent dignes d'un homme consacré à la mortification la plus entière; il soutint avec une fidélité constante les obligations difficiles

---

(1) *Exuat te Dominus veterem hominem, et induat te novum.* Rit. Cist.

du nouvel état qu'il venait d'embrasser. Toutes les régularités de la maison lui devinrent bientôt si naturelles, qu'on eut dit qu'il s'y était familiarisé dès son enfance. Il regardait son supérieur comme le lieutenant de Dieu à son égard; sa vénération pour lui était telle, qu'il ne le quittait jamais sans s'être prosterné devant lui la face contre terre, et lui avoir baisé les pieds.

Son noviciat expiré, on n'eut pas à délibérer sur sa réception; les religieux, d'une commune voix, donnèrent avec effusion de cœur leur suffrage à un novice auquel on ne put jamais reprocher une action qui ne fût exemplaire. Lui-même consomma son sacrifice avec des transports d'allégresse. Ce fut à ce moment, lorsque l'abbé lui rappela en général ses égaremens passés et les ineffables miséricordes de Dieu à son égard, que, par un mouvement d'humilité extraordinaire, il crut devoir faire une sorte de confession publique, et révéler à ses frères assemblés la grandeur et l'énormité de ses fautes. On peut juger, après ces dispositions, de ses progrès rapides dans les vertus religieuses. Nous nous bornerons, dans cette esquisse, à dire un mot de sa constance héroïque dans les épreuves auxquelles Dieu l'assujétit. En proie à des douleurs très-aiguës aux jambes, où il avait reçu autrefois de graves blessures, on fut obligé d'y appliquer le fer et le feu. Il souffrit ces opérations cruelles sans laisser paraître la moindre sensibilité, comme si l'opération se fût faite sur un corps étranger. Bientôt il se vit couvert de plaies, et dans un état à faire frémir l'infirmier; ce qui ne l'empêchait point d'assister aux offices de la nuit, ni aux autres observances, jusqu'à ce qu'enfin il fallut succomber et se rendre à l'infirmerie. S'y trouvant trop bien soigné et trop ménagé, dès qu'on crut remarquer un peu d'amélioration à son mal, il adressa une requête au supérieur pour le conjurer, avec la plus vive instance, de lui permettre la pratique de la règle commune, tant était vif son désir pour la croix. Enfin, après une maladie longue et cruelle, il mourut sur cette croix si chérie, le 9 novembre 1694, entre les bras du révérend père abbé et au milieu de ses frères aussi édifiés qu'affligés de sa perte.

LE CHEVALIER D'ALBERGOTTI.

Il naquit à Arezzo, en Toscane, avec tous les avantages qu'on peut souhaiter du côté de la nature et de la fortune. Aussi distingué par la noblesse de sa famille, l'une des plus illustres de Florence, que par son propre mérite et ses qualités personnelles, il fut envoyé fort jeune à son grand oncle, M. de Magalotti, lieutenant-général des armées du roi, qui ne négligea rien pour faire de son neveu un officier accompli. A quatorze ans, il fit, en qualité de lieutenant, ses premières armes. Major d'un régiment à l'âge de dix-neuf ans, aimé et considéré partout, que de liens à rompre qui semblaient devoir le retenir long-temps dans le monde! L'amour de la gloire était sa passion dominante. Dans le temps qu'il était le plus occupé de ses projets d'ambition, Dieu, par une grâce spéciale, lui en fit sentir toute la vanité. Ouvrant les yeux à ce premier rayon de la grâce, le jeune chevalier ne vit bientôt dans le monde qu'un séjour de ténèbres et de corruption, auquel il ne pourrait renoncer de trop bonne heure. Un jour qu'il était plus pénétré de cette vérité, il se sentit un dégoût si grand pour toute compagnie, qu'il se fit apporter à souper dans sa chambre. Il y trouva sous sa main une relation de la mort du comte de Santena, qu'un de ses gens y avait laissée. Ce coup de la Providence acheva sa conversion, et le détermina à entrer dans la même carrière que ce célèbre pénitent dont nous venons d'esquisser la conversion.

Après bien des combats qu'il eut à soutenir contre la chair et le sang, il prit enfin le parti d'envoyer exprès à la Trappe un de ses gens chargé d'une lettre pour l'abbé, où il le suppliait de l'admettre au nombre de ses enfans. On lui envoya, comme il le désirait, une espèce de prospectus des exercices de la maison, sans rien dissimuler de la rigueur des austérités. Cette peinture effrayante, loin de le déconcerter, le transporta d'un vif désir de s'y dévouer au plus tôt. Dans l'intervalle, chargé d'expulser avec son régiment un corps ennemi qui occupait un château dont on voulait s'emparer, il éleva son cœur à Dieu, en lui disant : « Si vous me destinez, Seigneur, à aller, selon mes désirs, terminer mes jours à la Trappe, préservez-moi des dangers où mon devoir m'engage ; si vous voulez que j'y périsse, je mourrai content, mais ayez mon sacrifice pour agréable. » Dieu exauça sa prière ; il eut tout le mérite et l'avantage de cette action, où il fit des prodiges d'habileté et de bravoure. Cette expédition ayant fini la campagne, il mit ordre à ses affaires, et se rendit à la Trappe.

En considérant attentivement de la tribune des hôtes l'extrême modestie, l'espèce d'immobilité des religieux à l'église, il eut une sorte de désespoir de jamais pouvoir y atteindre. Ayant avoué avec franchise qu'il n'osait guère espérer de fixer ainsi les mouvemens de son corps, l'égarement de ses yeux et la vivacité de son esprit, on le consola en lui disant que bien d'autres, moins disposés que lui à la modestie et au recueillement, y avaient bientôt excellé, jusqu'à servir sur ce point de modèles à leurs frères. Ayant pris l'habit peu de jours après avec le nom de frère Achille, il se montra le digne émule du comte de Santena ; il était toujours des premiers à l'office, des plus assidus à l'oraison, des plus fervens au travail, des plus mortifiés en tout, enfin, des plus exemplaires dans cette modestie qui d'abord lui avait paru presque impraticable.

Nous ne pouvons que céder au désir d'ajouter deux traits détaillés qui feront connaître, mieux que tout le reste, jusqu'à quel point il portait l'abnégation et le renoncement. Un de ses amis, touché de sa retraite, fit le voyage de la Trappe, pour le voir et s'édifier avec lui. Le père abbé engageant frère Achille à accorder à cet ami une satisfaction qui pourrait lui être fort utile, et peut-être déterminer sa vocation, ce parfait solitaire répondit que tous les jours il adressait au Ciel des vœux ardens pour le salut de ses proches et de ses amis, mais qu'il avait renoncé à tout ce qui pouvait lui rappeler le souvenir du monde; qu'ainsi il priait l'abbé de le dispenser de voir cette personne, dont il ne voulait pas même savoir le nom. Le visiteur fut si édifié de ce refus et de tout ce qu'il avait vu à la Trappe, qu'il ne tarda pas à revenir demander la grâce de partager le bonheur qui remplissait si parfaitement le cœur de son ami. Quelques jours après la prise d'habit de ce nouveau postulant, il demanda au révérend père la permission de dire un mot en sa présence au frère Achille, pour sa propre édification. Celui-ci se montra aussi inflexible que la première fois, et fit prier son ami, devenu son frère, de ne pas trouver mauvais qu'il offrît à Dieu le sacrifice de cette satisfaction; ajoutant qu'ils devaient désormais l'un et l'autre se contenter de se réjouir en notre Seigneur, et le remercier de les avoir réunis dans un lieu où ils avaient tant de moyens de purifier, par une charité toute spirituelle, ce qu'il y avait eu de trop humain dans leur ancienne amitié. On a su de ce même religieux, qu'ayant pris frère Achille pour son modèle, il s'appliquait à le considérer particulièrement, mais que jamais il n'avait pu attirer le moindre de ses regards. Quelque temps après, ayant appris la mort de son frère aîné, qui le faisait héritier de sa famille, cette nouvelle, qui aurait pu réveiller la cupidité d'un homme moins détaché, ne fit sur ce parfait novice d'autre impression que celle du regret d'avoir perdu un frère chéri. Il y a long-temps, dit-il au père abbé, que j'ai pris mon parti, je n'ai plus rien à partager avec le monde : j'aime mieux être le dernier dans la maison du Seigneur, que d'occuper le premier rang parmi les hommes.

C'est dans ces dispositions qu'il fit sa profession, après laquelle il soupirait ardemment. On le vit depuis courir avec une nouvelle ardeur dans les voies de la pénitence. Ses supérieurs étaient obligés de le retenir sans cesse pour l'empêcher de tomber dans des excès ruineux pour sa santé. Cette mortification continuelle lui acquit un tel empire sur ses passions, qu'il n'en ressentait pas plus les atteintes que s'il eût toujours vécu dans une parfaite innocence. Il obtint cependant, à force de prières, la permission de porter un cilice et de se donner par surcroît la discipline, mais avec une telle vigueur qu'il semblait vouloir mettre tout son corps en pièces. Nous ne nous étendrons pas davantage sur la vie héroïque de ce religieux. Arrivé à la fin de sa pénible carrière, après une agonie douce et paisible, le 13 février 1699 il s'endormit dans le Seigneur, entre les bras de son supérieur et sous les yeux de ses frères réunis, selon l'usage, à ce spectacle aussi édifiant que lugubre.

PICAUT DE LIGRÉ,
Grand prévôt de Touraine.

Ayant perdu son père dès sa plus tendre enfance, il rendit inutiles, par son mauvais naturel, tous les soins de sa vertueuse mère pour le former à la piété; l'étude des sciences ne put amollir la dureté de son caractère. Obligé de passer de ville en ville, de collége en collége, personne ne pouvant réussir dans l'éducation de ce disciple indomptable, à Saumur, à Tours, à Poitiers, partout, dit son panégyriste, il donna des marques de sa férocité naissante. Domestiques, condisciples, professeurs, sa brutalité n'épargna personne. On pouvait compter ses jours, non par ses progrès, mais par ses rixes et ses querelles. Nouvelle Monique, sa mère infortunée ne pouvait que gémir sur les désordres de son Augustin, et à mesure qu'il crut en âge, elle voyait s'accroître ses chagrins. Tous les jours c'étaient des nouvelles plus fâcheuses qu'on venait lui annoncer. « Votre fils a flétri l'honneur d'une telle, il a vendu sa charge pour vivre avec plus de licence, il s'est battu et est couvert de blessures, il y a un décret de prise de corps contre lui, etc. » C'était pour cette pauvre mère autant de glaives de douleur qui lui perçaient le cœur. Elle n'avait de ressources que dans la prière, le jeûne et les larmes.

Revêtu, à l'âge de trente ans, de la charge de prévôt provincial de Touraine, cet emploi fut pour ce forcené une occasion de satisfaire impunément sa cupidité, son libertinage et sa fureur. Le marquis de Miromesnil, informé de ces violences, lui avait refusé un certificat de bonne vie pour sa prévôté. Le maréchal d'Estrées, auquel il avait l'honneur d'être allié, pour l'éloigner de sa famille qu'il déshonorait avait obtenu pour lui un emploi sur mer, mais qu'on ne put jamais le résoudre d'accepter. A peine fut-il enfin en possession de sa prévôté, qu'on l'appela à Paris devant les maréchaux de France, pour rendre compte de ses mœurs déréglées, de ses concussions et de ses violences. Revenant une fois chez lui, fort inquiet d'une perte considérable au jeu, il déchargea son chagrin, à coups d'épée, sur son valet-de-chambre; une autre fois c'était sur ses commis de bureau. Ayant attaqué durant la nuit, dans un état d'ivresse, deux bourgeois de Tours, il en blessa un grièvement et reçut de l'autre plusieurs coups de sabre qui le réduisirent à l'extrémité; on fut obligé en conséquence de lui faire l'opération du trépan. Rendu à la santé, il n'épargna aucun moyen pour se venger. Il poussa un jour la témérité jusqu'à passer à cheval sur un mur qui séparait la Loire des fossés de la ville de Tours et qui n'était large que d'environ deux pieds. Il s'était fait une telle réputation de brutalité, qu'une dame respectable étant allée lui porter quelques secours, dans une prison où ses crimes l'avaient fait renfermer, elle n'osa l'aborder, craignant, disait-elle, qu'il ne prît fantaisie à ce monstre de la tuer. Arrêtons-nous ! le tableau révoltant de tant d'atrocités fera mieux ressortir la puissance de la grâce et la miséricorde de Dieu, dans la conversion d'un si grand pécheur.

Après une série de forfaits dont nous supprimons le dégoûtant récit, arriva l'heureuse époque de son changement. Il avait résisté jusque là a tous les coups de la grâce. La mort de sa mère, qu'il apprit, l'obligea de revenir en Touraine, dans une désolation qui mit fin aux désordres de sa vie. Touché des larmes et des prières de la mère, la miséricorde de Dieu avait brisé toutes les chaînes du fils, et ruiné tous ses projets pour le monde. Ses charges étaient vendues, ses terres saisies, son argent dissipé, son honneur perdu, le public indigné, ses parens irrités ; où trouvera-t-il un asile ? Entre les bras de la miséricorde de Dieu, unique ressource qui lui restât. Il se détermine enfin à s'y réfugier, s'adresse à un saint prêtre, curé de Saint-Hilaire de Tours, qui lui conseille de se rendre à la Trappe, n'y ayant point dans l'Eglise de retraite plus propre à l'expiation d'une telle vie. Le bon pasteur s'appliqua en même temps à exciter la confiance de ce pécheur, en lui rappelant les David, les Augustin, ces prodiges de la miséricorde de Dieu, qui est sans bornes. Jamais larmes plus amères ne furent versées au tribunal de la pénitence. Enfin, muni d'une lettre pour l'abbé, il part de Tours comme un trait, seul, à pied, durant un dégel, franchit un trajet d'environ quarante lieues à travers les pluies, les torrens, les haies et les fossés. Arrivé à la Trappe, il effraie ceux qui le reçoivent. D'une taille énorme, d'une physionomie affreuse, d'un regard farouche, ses habits mouillés, délabrés et couverts de boue, les jambes déchirées, les pieds ensanglantés; quel postulant! Présenté à l'abbé comme un pénitent qui désirait faire partie de son troupeau, il fit frémir le réformateur lui-même, qui ne le reçut pas moins avec bonté, après s'être assuré de sa vocation. Admis aux exercices de la communauté et bientôt au noviciat, son cœur ressentit une joie si vive, que, ne pouvant la contenir, on lui permit de l'épancher et de la communiquer au premier confident de son retour, et à toute sa famille; ce qu'il fit par une lettre des plus touchantes qui porta l'allégresse dans l'âme de tous ses parens.

Jamais naufragé n'aborda au port avec des transports plus vifs que cet infortuné à la Trappe, vrai port de salut pour lui. Avec une grâce abondante, un corps robuste, un cœur vivement contrit, il se livra sans réserve à la pénitence. Aux jeûnes, aux veilles, aux travaux de la règle, il joignit le cilice, la haire, la discipline, les chaînes de fer; il n'est rien, en un mot, qu'il n'imaginât pour se punir. Plein d'une sainte haine pour lui-même, il ne prenait de nourriture qu'autant qu'il était nécessaire pour ne pas succomber. Obligé de se modérer par l'attention de ses supérieurs, il fallait bien se dédommager par un surcroît de sévérité, et faire payer à son corps, comme il le disait, ses arriérés; sans cesse il se plaignait de l'indulgence dont on l'obligeait d'user envers son ennemi, de l'insuffisance de sa pénitence et de son peu de proportion avec ses crimes. Qui reconnaîtrait là ce prévôt de Touraine, ce furieux toujours hérissé de fer contre les autres, à présent armé de toutes pièces contre lui-même, et couvert de pied en cap d'instrumens de mortification? ce voluptueux qui raffinait sans cesse dans les débauches, aujourd'hui ingénieux dans les raffinemens de l'austérité? Ces dehors de pénitence étaient animés par un esprit de componction extrême; il soupirait et pleurait sans cesse. L'église, le dortoir, le cloître, point d'endroit de la maison qu'il n'ait arrosé de ses larmes et fait retentir de ses sanglots, malgré tous les efforts qu'il faisait pour se contenir en présence de ses frères. Mais dans sa cellule il donnait une entière liberté à ses gémissemens : là, prosterné aux pieds de son crucifix, il baignait la terre de ses larmes avec tant d'abondance, qu'elles formaient comme des ruisseaux. Jamais pénitent n'a pu dire avec plus de vérité après David : *Potum meum cum fletu miscebam; rugiebam à gemitu cordis mei* (que ses pleurs se mêlaient à son breuvage, que les soupirs de sa componction ressemblaient au rugissement). Cette componction lui inspirait une incroyable ardeur pour les travaux les plus pénibles, et l'on croyait devoir moins le ménager que les autres frères, à raison de ses forces colossales et du besoin particulier qu'il avait de faire pénitence. Ainsi il était, selon ses désirs, comme la bête de somme de la maison. Fallait-il porter un fardeau pesant? c'était le lot de frère Moïse. Fallait-il aller à des ouvrages que le froid extrême ou la chaleur excessive rendait fort fâcheux à la nature? on en chargeait le frère Moïse. Son plus ardent désir était de se voir réduit un jour à la situation de Job, couvert de plaies et d'ulcères. Son travail favori était d'enlever le fumier des étables pour le transporter au jardin ou ailleurs; se rappelant alors qu'ayant vécu comme le cheval et le mulet, il méritait de tenir, devant Dieu et les hommes, la place de ces animaux.

Aussi avide d'humiliations que d'austérités, car un cœur contrit est un cœur humilié, le cloître lui offrait un beau champ pour se rabaisser dans l'esprit de ses frères. Volontiers il eût rappelé tous les jours les plus honteux forfaits de sa vie passée. C'était une sorte de combat entre lui et le supérieur, obligé sans cesse de l'arrêter dans ses accusations. Sa profession, faite avec de telles dispositions, lui attira un surcroît de grâces qui le firent courir avec légèreté jusqu'à la fin dans cette carrière pénible. Son oraison était continuelle, son union avec Dieu très-intime. Partout on le voyait modeste, recueilli, abîmé dans les réflexions les plus sérieuses; partout il portait avec lui son oratoire au fond de son cœur, où il se renfermait sans être aperçu que du Père céleste. Il trouvait un goût si ineffable dans la lecture de l'Évangile, qu'à chaque verset il était obligé de s'arrêter; un chapitre seul le retenait une semaine sans qu'il lui fût possible d'avancer. Il vivait dans une si grande délicatesse de conscience, qu'il fuyait avec le plus grand soin jusqu'à l'ombre même du péché et de toute imperfection. Non-seulement ses supérieurs étaient embarrassés pour l'humilier, ne trouvant rien qu'à admirer en lui, mais ses confesseurs même, auxquels il ouvrait son cœur avec tant de soin et d'humilité, n'ont jamais pu trouver dans ses confessions ordinaires matière suffisante à l'absolution. Toutes ses fautes se réduisaient, selon ses aveux, à ne pas accomplir la règle avec assez de ferveur, à ne pas s'approcher des sacremens avec assez de dévotion, bien qu'on l'y vît toujours fondre en larmes. Je ne saurais supprimer ici un de ses péchés de curiosité : deux hirondelles ayant bâti leur nid à la croisée de sa cellule, il s'accusa d'avoir eu plusieurs fois l'envie d'y regarder, sans toutefois, bien entendu, avoir succombé à la tentation.

Voilà les fautes qu'il se reprochait et dont il allait, avec la simplicité d'un enfant, s'accuser à ses supérieurs; et certes il n'était point homme à se flatter et à se faire illusion sur l'état de sa conscience. Si on lui demandait : N'avez-vous porté aucun jugement défavorable de vos frères? De mes frères! ce sont des saints qui me couvrent de leur protection auprès de Dieu, pour apaiser son courroux; sans leur crédit, sa justice m'écraserait. — N'avez-vous point de complaisance en vous-même, point de pensée de vanité? Hélas! d'où pourrait-elle naître, à moi qui suis l'opprobre de la nature ? — Ne sentez-vous aucun mouvement de chagrin, d'impatience, lorsqu'on vous reproche votre étourderie, votre peu d'habileté dans le travail? Quand on me traiterait comme une bête stupide, ne suis-je pas un scélérat? — N'avez-vous pas quelque retour vers le monde? Je ne fais pas plus d'attention au monde que s'il n'y en avait point. »

Telle était la vie de ce vrai pénitent crucifié au monde et à lui-même. Le 7 décembre 1707, il fut frappé d'une sorte de mort subite, mais loin d'être imprévue : Dieu voulut sans doute dans sa sagesse lui épargner les horreurs du trépas, la crainte de ses jugemens et les frayeurs de l'éternité. Scandaleux avant sa conversion, il fut l'opprobre de sa famille et l'effroi des fidèles. Pénitent après sa retraite, il fut la gloire de l'Église et l'honneur de la religion.

L'histoire du comte de Santena, du chevalier d'Albergotti, du prévôt de Touraine, étant, à quelques détails près, celle de la plupart des religieux de la Trappe, nous nous bornerons à ces trois récits développés qui suffisent pour donner une idée de la vie de ces saints pénitens.

Nous citerons cependant encore *François-Toussaint de Forbin-Janson, comte de Rosemberg*, né à Paris, de parens aussi illustres par leur vertu que par leur noblesse : il en reçut une éducation chrétienne et brillante, à laquelle il ne répondit pas constamment.

Au service de l'empereur, où il occupait un poste éminent, il donna en plusieurs rencontres des preuves d'une habileté et d'une bravoure extraordinaires. Il se distingua surtout à la levée du siége de Vienne, à la prise de Bude et à la défaite de l'armée ottomane. De retour en France, il se trouva à la bataille de la Marsaille, où Catinat battit complètement l'armée du duc de Savoie. Là, Rosemberg, blessé grièvement et sur le point de périr, fit vœu, s'il échappait au sort funeste qui le menaçait, de se retirer à la Trappe pour le reste de ses jours. Sauvé de ce danger et guéri de ses blessures que les médecins avaient jugées mortelles, il différa néanmoins l'exécution de sa promesse, jusqu'à ce que, frappé d'une maladie, il fit venir le célèbre Massillon, qui, après l'avoir réconcilié avec Dieu, l'engagea à partir incessamment pour la Trappe. Il y prit l'habit et le nom d'Arsène, et y pratiqua toutes les vertus du saint anachorète son patron. Après les épreuves du noviciat, où il avait pour ainsi dire rajeuni au milieu des austérités, il fit sa profession avec une vive satisfaction de sa part et de celle de tous les religieux, charmés de l'acquisition d'un sujet si digne et si édifiant. Pour faire son éloge en deux mots, il suffit de dire qu'on le jugea digne d'être envoyé en Toscane, pour y fonder, sur la demande du grand-duc, un monastère de la Trappe, dont il fut le supérieur. On a publié, en italien, une relation des vertus et de la mort de ce digne religieux.

Le célèbre jésuite François-Guillaume Berthier, après la dissolution de sa Société, se rendit aussi à la Trappe, dans le dessein d'y finir ses jours ; mais, sur les représentations de l'abbé qui lui fit sentir qu'il devait employer ses brillans talens à la défense de la religion, le Père Berthier renonça à son projet, et retourna à ses études favorites.

Le vénérable Benoît Labre avait eu également le dessein de se faire Trappiste : il se présenta même deux fois à cette fin ; mais Dieu avait d'autres vues sur son serviteur : sa jeunesse et sa complexion délicate furent des obstacles à sa réception.

Aujourd'hui, comme autrefois, on pourrait écrire des relations ou des vies de Trappistes, qui ne seraient ni moins nombreuses ni moins édifiantes. Ce n'est point le défaut de matière qui arrête, c'en est plutôt l'excès et l'uniformité. Ces relations se ressembleraient trop et seraient, à quelques circonstances, à quelques degrés de ferveur et à quelques nuances près, les mêmes que celles qui déjà ont été données au public. Il est beaucoup plus facile d'éviter cet écueil en écrivant la vie de ceux qui se sanctifient au milieu du monde. Outre que chacun a brillé dans tel ou tel état particulier, on ne peut, dans le siècle, se sanctifier qu'en se singularisant, et un saint y est essentiellement un être singulier. A la Trappe, au contraire, on s'élève à un très-haut degré de sainteté, en menant la vie commune, et la vie de chaque religieux, fidèle à sa vocation et aux devoirs de son état, est incontestablement, et dans toute la force de l'expression, la vie d'un saint. Oui, dans ce sanctuaire vénérable, les choses en ce genre les plus extraordinaires cessent de l'être, les prodiges de sainteté y deviennent ordinaires et les merveilles communes. Je citerai en peu de mots le tableau que trace de la Trappe l'estimable auteur des Vies des saints : on verra que, s'il donne de plus grands détails sur l'histoire de ces héros canonisés, il n'a guère pu faire un éloge plus complet de leur sainteté :

« Le pape Innocent III appelait le monastère de Saint-Bernard la merveille du monde. On peut dire la même chose de la Trappe. La vie qu'on y mène est vraiment angélique : il n'y a point de spectacle plus touchant que celui qu'offre le recueillement continuel des religieux au travail, au réfectoire et surtout à l'église. Ils sont parfaitement morts à leur propre volonté. Ils vivent dans une mortification continuelle de leurs sens, ils saisissent toutes les occasions de pratiquer la patience et l'humilité. Il s'y trouve des religieux d'une si grande ferveur et si saintement avides de souffrances, qu'ils ajoutent encore des mortifications volontaires à celles de la règle. La joie est peinte sur leurs visages, et il semble que leur satisfaction croisse à proportion de leurs austérités. »

Nous allons cependant rapporter encore, pour l'édification des lecteurs, l'histoire d'une vocation récente, dont les circonstances furent trop singulières pour qu'elle puisse être passée sous silence.

Un jeune homme, d'une province éloignée de la capitale, était né de parens chrétiens, mais indifférens, qui négligèrent absolument son éducation religieuse. Privé des lumières de la foi dont il n'avait que quelques idées vagues et sans influence sur sa conduite, avec une imagination vive et des passions ardentes, il s'abandonna, corps et âme, à tous les désordres d'une jeunesse effrénée.

Cependant, comme il avait le sens droit, ne trouvant dans son libertinage, au lieu de cette ivresse de bonheur qu'il s'en était promis, que dégoût, qu'amertume et que tourment, l'horreur de la vie s'empare de lui, il se détermine à se décharger d'un fardeau qui lui devenait de plus en plus intolérable. Par égard néanmoins pour l'honneur de sa famille, sur laquelle il craignait de laisser rejaillir l'opprobre de l'action qu'il méditait, il prend le parti de se rendre à Paris et d'y ensevelir sous les flots de la Seine, avec sa vie, son nom et sa mémoire.

Arrivé dans la capitale, il se détermine heureusement à ajourner l'exécution de son funeste dessein; soit secrète horreur de sa destruction, soit un reste d'espoir, il veut tenter un dernier essai, et boire jusqu'à la lie la coupe trompeuse du plaisir. Il consume donc dans le jeu, les spectacles et les excès, ce qui lui restait de ressources pécuniaires. Il n'est pas plus avancé, pas moins loin de cette félicité qui est la condition de son existence et dont il poursuit en vain le fantôme. C'en est donc fait, il va mettre la dernière main à son projet de suicide. Déjà il a désigné l'endroit de la rivière où il doit le lendemain noyer son désespoir. Mais la Providence, qu'il méconnaissait, avait les yeux ouverts sur lui. Comme il promenait péniblement dans les rues le poids accablant de son existence, la grâce réveille subitement au fond de cette âme gangrenée une de ces idées confuses de religion, qui y étaient jusque là restées engourdies et stériles. Il se rappelle que, *dans son pays*, il est d'usage de préluder par la confession au grand voyage de l'autre monde. Docile à cette inspiration, il entre dans la première église qui se trouve sur son chemin, Saint-Roch, et se présente à son tour au sacré tribunal, où un saint pasteur semblait attendre tout exprès la brebis égarée. Ce singulier pénitent fait sa confession de la manière la plus entière qu'il peut dans son état d'ignorance grossière; il accuse avec candeur tout ce qu'il croit mal, mais sans mot dire de sa disposition au suicide, et demande ensuite avec la même ingénuité l'absolution. Le confesseur étonné lui représente avec douceur le besoin qu'il a de prendre un délai raisonnable pour consolider l'ouvrage de sa conversion et pour s'instruire; il l'engage même à venir le voir de temps en temps pour recevoir des avis et l'instruction fondamentale qui lui manque. Ce langage ne pouvait convenir à un homme à qui il ne restait que vingt-quatre heures de vie; il allègue l'impossibilité absolue de revenir *jamais*. Ce mot est un trait de lumière pour l'habile confesseur, qui découvre au fond de cette pauvre âme un fatal secret, et qui sait adroitement en obtenir l'aveu.

J'avais, mon père, quelque répugnance à vous l'avouer, réplique cet infortuné; mais puisque vous l'exigez, je dois vous le dire : dès demain *je me tue.* Voilà pourquoi je vous demande aujourd'hui l'absolution.

On déchire alors l'épais bandeau qui lui voile la vérité; on lui montre l'étrange illusion où il est, le crime de sa disposition homicide et le terme fatal où elle le conduirait. Il est à l'instant même éclairé, touché et converti. Frémissant à la vue de l'abîme où il allait se jeter tête baissée, il s'élance dans les bras de la miséricorde qu'on lui montre ouverts pour le recevoir; mais bien résolu à satisfaire à toute la sévérité de la divine justice, il demande une maison de pénitence : la plus austère sera pour lui la meilleure. Bref, venu peu de temps après à la Trappe, il y trouva enfin au milieu des privations et des austérités ce bonheur qu'il avait en vain cherché au sein des voluptés sensuelles. C'est ce qu'il a depuis cent fois avoué, à la louange de la grâce, aux différens supérieurs. On conçoit quelle heureuse révolution que celle d'un cœur affamé de bonheur qui passe ainsi d'un affreux désespoir à la plus délicieuse espérance!

« J'étais malheureux, sans espoir de trouver nulle part cette félicité pour laquelle je sentais battre mon cœur, j'allais rendre mon malheur irrémédiable en le rendant éternel; encore un pas, et j'étais pour jamais dans l'abîme de tous les maux; la main de Dieu m'a arrêté miraculeusement sur les bords du précipice, elle m'a dévoilé le parfait bonheur auquel je n'osais plus aspirer, que je regardais comme un rêve, une illusion; elle m'a mis dans la voie sûre qui y conduit, et elle m'en offre déjà comme gage l'ineffable avant-goût! »

Dans ces transports de confiance, de reconnaissance et d'amour, rien ne lui coûtait de tout ce que la règle offre de plus dur à la nature; il courait avec la légèreté d'un cerf dans ces sentiers étroits d'une pénitence dont la pensée seule fait frémir la délicatesse du siècle.

Il fallait que tout fût singulier dans cet homme extraordinaire, sa mort, comme sa vie et sa conversion. D'une stature colossale, d'une force de corps proportionnée et d'une force d'âme supérieure encore, il se livrait avec une ardeur qu'on avait peine à modérer aux macérations et aux travaux les plus pénibles; chaque jour il remplissait la tâche de deux ouvriers ordinaires. Une extrême ferveur le transportant comme hors de lui-même, et le constituant dans une sorte d'extase continuelle qui lui faisait oublier son corps, il se fit, sans trop s'en apercevoir, une plaie à la jambe, qu'il négligea durant long-temps, la regardant de bonne foi comme peu de chose et sans aucun danger. Le mal s'étant enfin envenimé et sa jambe sensiblement enflée, le supérieur, qui s'en aperçut, l'obligea de passer à la visite du médecin : il était trop tard; celui-ci, ayant reconnu la gangrène, dit qu'il fallait se hâter de lui administrer les derniers secours de l'Église, ceux de son art lui étant inutiles et la mort étant prochaine et inévitable. Le malade, toujours dans l'intime persuasion que son mal n'était rien, et qui ne s'était déterminé à le découvrir que par obéissance, demandait à retourner à ses travaux et à ses exercices ordinaires; forcé par la même obéissance de se constituer à l'infirmerie, quelques heures après il n'existait plus. Ainsi, au bout d'environ quinze années de la vie de la Trappe, qui lui avaient paru un instant, et durant lesquels on ne put que lui reprocher une ferveur peut-être excessive, il s'endormit dans le Seigneur, non-seulement avec calme et résignation, mais dans les transports de l'amour le plus vif et des désirs les plus enflammés pour la céleste patrie.

La Trappe ne renferme-t-elle que de grands coupables ?

Le trait qu'on vient de lire rappelle un préjugé sur la Trappe, assez commun dans le monde : elle ne recèle, pense-t-on, que de grands coupables. J'ai souvent ouï répéter avec affectation et une évidente malignité, ce propos injurieux dans le sens qu'on y attache d'ordinaire ; je l'ai entendu répéter à des gens dans la bouche desquels il convenait fort mal, qui, certes, n'étaient rien moins que des innocens, et qui plutôt auraient eu droit à une place distinguée à la Trappe, si elle recevait tous les grands coupables de la terre.

Examinons un moment ce préjugé et réduisons-le à sa juste valeur.

La Trappe est incontestablement une maison de pénitence, et même, je crois, la plus célèbre du monde. Qu'en conséquence, des pécheurs, et des pécheurs fameux, lorsqu'ils veulent devenir pénitens, tournent les yeux vers la Trappe, qu'ils viennent y chercher un asile contre la sévérité de la justice divine et un refuge assuré contre la rechute, il n'y a rien que de fort naturel, de conforme à l'histoire et d'honorable à la maison. N'offrît-elle au monde que cette ressource, elle n'en serait pas moins déjà un établissement très-utile à la société. C'est même sous ce point de vue que Buonaparte l'avait surtout envisagée et appréciée. Il n'y a là-dessus qu'une petite différence entre la Trappe et le monde : c'est que celle-là, des pécheurs et des grands coupables, fait des saints, et de grands saints ; tandis que celui-ci, des saints même, fait facilement des pécheurs.

Quoi qu'il en soit, ces coupables, devenus pénitens et Trappistes, méritent-ils le mépris que cherchent à verser sur eux nos prétendus sages ? pas plus que les Paul, les Madeleine, les Augustin. Ces personnages furent tous trois pécheurs, et des pécheurs notoires et insignes : le premier, un blasphémateur et un persécuteur ; la seconde, une prostituée ; le troisième, un impie qui se vantait même du mal qu'il n'avait pas fait ; et cependant, voyez ce qu'ils sont devenus par la pénitence : Paul, l'apôtre par excellence; Madeleine, la plus tendre et la plus fidèle amante du Sauveur des hommes; Augustin, un des plus grands docteurs et des plus grands saints dont s'honore l'Église.

Il n'est que les faux sages qui puissent reprocher le péché effacé par le repentir; l'éternelle sagesse ne l'impute point; elle sait même en tirer le bien des vrais pénitens, en faisant servir leurs fautes comme de degrés ou de ressorts pour les élever d'autant plus vers le sommet de la perfection, qu'ils sont descendus plus bas dans l'abîme de l'iniquité.

Maintenant, est-il bien vrai que les individus qui se dévouent aux austérités de la Trappe soient tous ce qu'on appelle proprement des pécheurs, et surtout de grands pécheurs, qui, en cette qualité, aient un besoin spécial d'une pénitence extraordinaire? Non assurément; si cette abbaye célèbre est un port de salut pour ceux dont l'innocence a fait dans le monde un triste naufrage, elle n'est pas moins une arche sainte pour sauver les justes du déluge d'iniquité qui couvre la terre. Bien plus, le nombre des premiers n'est pas, je crois, le plus grand aujourd'hui, il l'était peut-être jadis.

Au commencement de la réforme, sous le règne brillant de Louis XIV, cette moderne Thébaïde se peuplait principalement d'hommes du beau monde, de seigneurs de la cour, d'officiers de l'armée, qui y venaient expier les égaremens de leur jeunesse. C'est que le souffle de l'impiété n'avait pas éteint le germe de la foi parmi les courtisans ni parmi les soldats du grand roi. A la cour comme à l'armée, partout il y avait de la corruption, sans doute, et une grande corruption; mais partout il y avait la ressource de la foi; si elle n'était pas assez vive pour retenir dans l'étroit sentier d'une incorruptible vertu, elle l'était souvent assez pour y ramener enfin. Entraîné par la séduction du monde et des passions, par la fougue d'une bouillante jeunesse, on se laissait aller pour un temps au torrent; mais d'ordinaire, comme dit M. de Maistre, on décrivait une courbe, on revenait, et souvent de l'extrême frontière du crime; et après les plus grands scandales, on donnait les plus éclatans exemples de pénitence.

Hélas! de nos jours, la corruption, comme alors, est partout, la foi presque nulle part : les premiers pas presque toujours sont des égaremens, et le plus souvent sans retour; on ne décrit plus cette courbe, on suit une ligne droite, mais, malheureusement, celle qui conduit à l'abîme d'où l'on ne revient plus.

Ainsi la Trappe aujourd'hui se compose principalement peut-être de jeunes gens qui, de bonne heure, à l'époque d'une première communion, par exemple, se sont donnés à Dieu sincèrement et ont persévéré à son service au milieu du monde, mais qui le fuient, craignant d'y périr enfin victimes de sa contagion et de ses scandales ; de jeunes ecclésiastiques qui ont fait l'édification d'un séminaire, mais qui redoutent les dangers du ministère au milieu du monde corrompu, qui aspirent à une vie plus parfaite et veulent se consacrer à Dieu sans réserve ; de gens âgés, soit laïques, soit prêtres, qui, après avoir édifié dans le siècle et rendu de grands services à la société, désirent, comme l'on dit, mettre un intervalle entre la vie et la mort, et s'occuper désormais uniquement du succès de la grande affaire. Voilà, selon toute apparence, la classe la plus nombreuse parmi les Trappistes actuels. On jugerait donc mal de leur vie passée par leur pénitence présente. Cette pénitence est plutôt la mesure de leur ferveur que celle de leurs fautes. Ceux qui traitent si légèrement de grands coupables ces hommes si vénérables, seraient-ils dignes de délier les cordons de leur humble chaussure ?

QUATRIÈME SECTION.

Pour achever de fixer les idées du lecteur sur le régime intérieur de la Trappe, nous allons mettre sous ses yeux une analyse des réglemens.

Analyse des réglemens de la Trappe.

Tout est parfaitement réglé dans cette maison d'ordre; pas un emploi, un office, une occupation qui ne soient déterminés et modifiés par des réglemens particuliers; pas un mouvement abandonné au caprice des individus, tant on y a pris à tâche de soumettre la volonté et l'homme tout entier au joug d'une sévère discipline. Cette communauté ne ressemble pas mal, sous ce rapport, à un régiment faisant l'exercice.

Réglement particulier pour l'infirmerie.

Le réglement pour les infirmes et pour l'infirmerie prescrit les dispositions suivantes :

Les infirmes, se souvenant qu'ils ne sont venus dans cette maison de pénitence que pour s'offrir à Dieu en holocauste, s'appliqueront à entrer dans les dispositions intérieures d'abnégation d'eux-mêmes, d'abandon de leur santé entre les mains de leur supérieur, et d'amour de la souffrance.

On ne témoignera jamais qu'on désire de la viande; quoique la règle en permette l'usage dans certains cas, elle n'en permet pas le désir. On ne mangera point de viande qu'après avoir eu six ou sept accès de fièvre. On n'en accordera point l'usage dans les indispositions ou maladies communes. On ne donnera au malade, autorisé à faire gras, que du bœuf, du veau et du mouton, jamais de menue viande, comme volaille, gibier, etc., et jamais qu'une fois par jour. On n'usera point à l'infirmerie de confitures, de sucreries, ni même de sucre pur, si ce n'est pour des remèdes dans la composition desquels il entre nécessairement. Les infirmes ne parleront jamais à l'infirmier qu'un à la fois, dans un parloir destiné à cet usage, et seulement pour des choses nécessaires. Cependant un malade, qui ne peut marcher, pourra lui parler dans le lieu où il se trouvera, mais à voix basse, et jamais durant l'office de la nuit, à moins d'une extrême nécessité. Les malades garderont les uns envers les autres le même silence que les religieux en santé. Ils ne mettront point la tête aux fenêtres de l'infirmerie, lors même qu'elles seront ouvertes. Ils n'ôteront point, les uns devant les autres, les pieds de leurs souliers, afin de garder entre eux une décence dont ils ne doivent jamais se dispenser.

Le réglement concernant l'infirmier débute d'une manière frappante. L'emploi de l'infirmier, y est-il dit, est un des plus importans de la maison, celui d'où dépend, en grande partie, la régularité ; car c'est par les infirmes que le relâchement a coutume de s'introduire.

L'infirmier doit s'appliquer ce que saint Benoît répète plusieurs fois à l'abbé (1); qu'avant tout et par-dessus tout on ait soin des malades, de telle sorte qu'on soigne chacun d'eux comme si c'était Jésus-Christ en personne; car, s'appropriant tous les services qu'on leur rend, il a dit dans l'Evangile, et il dira au grand jour de la rétribution générale : *J'ai été infirme, et vous m'avez charitablement visité....* Il a soin de tenir l'infirmerie dans la plus grande propreté. Il range la couche de ceux qui ne sont pas en état de le faire, et leur rend tous les services que demande leur état.... C'est à lui de présenter aux infirmes tous les soulagemens particuliers : médecine, potion, bouillon, etc.; les médecines se donnent à la fin de prime. Lorsqu'un frère doit être saigné, l'infirmier a soin de le faire venir à temps à l'infirmerie, de le faire chauffer, s'il fait froid, et d'être toujours présent à l'opération.... Si quelqu'un, en prenant une médecine, donnait ces marques de répugnance que montrent dans le monde les personnes délicates et sensuelles, l'infirmier aurait soin de l'en *proclamer* (accuser) au chapitre. Il ne prépare point les remèdes en présence des malades, et ne dit jamais ce qui entre

---

(1) *Infirmorum cura ante omnia, et super omnia adhibenda est, ut sicut reverà Christo ità eis serviatur; quia ipse dixit : Infirmus fui, et visitastis me.* (Reg. S. Ben.)

dans la composition de ce qu'il leur donne. Il ne les instruit pas non plus du jugement qu'il porte sur leur état, ni des progrès de leur maladie. Tous les jours, au réveil de la communauté, il donne de la lumière aux infirmes, qui se réunissent alors pour dire leur office; s'il s'aperçoit qu'il en manque quelqu'un, il va à sa couche, lui tâte le pouls, et s'il n'est pas dans un accès de fièvre, il lui fait signe de se lever.... S'il n'y avait à l'infirmerie qu'un seul malade, l'infirmier dirait l'office avec lui, et viendrait ensuite au chœur. Il prépare la paille et la cendre pour y mettre le malade lorsqu'il sera sur le point d'expirer.

Réglement pour l'hôtelier.

Après un long préambule sur l'importance de cette fonction pour la gloire de Dieu et l'édification du prochain, sur les dangers qu'il présente, et sur les moyens de s'y soustraire, ce réglement commence d'une manière touchante :

Dès qu'on sonne l'hôtelier, il accourt aussitôt animé d'une sainte joie, dans la pensée que c'est à Jésus-Christ même qu'il va rendre les devoirs de l'hospitalité (1).

---

(1) *Omnes supervenientes hospites tanquam Christus suscipiantur; quia ipse dicturus est: Hospes fui, et suscepistis me.* (Reg. S. Ben. 53.)

On aura soin de traiter les hôtes avec tant de charité, qu'ils n'aient pas sujet de croire qu'ils soient à charge, et que l'on soit importuné de leur visite. On mettra la plus grande attention à dédommager les hôtes par une grande propreté, de la pauvreté avec laquelle notre profession nous oblige de les servir. On traitera les hôtes le mieux que l'on pourra, mais toujours en maigre. L'on évitera aussi dans l'assaisonnement et dans les apprêts la trop grande recherche et tout ce qui sentirait la délicatesse du siècle, les hôtes ne venant pas dans une maison de pénitence pour y faire bonne chère, mais pour s'y édifier. La boisson sera celle du pays où se trouve la communauté. Si les hôtes trouvaient en leur chemin quelque religieux auquel ils voulussent adresser la parole, celui-ci leur fera connaître, en s'inclinant avec beaucoup de respect, qu'il lui est défendu de leur parler ; cette faculté n'étant accordée qu'au supérieur et à l'hôtelier.

Réglement du dortoir.

Le dortoir, dit-on, est un des lieux réguliers qui demandent le plus d'ordre ; aussi est-il l'objet d'un réglement en beaucoup d'articles. Nous n'en extrairons qu'un petit nombre. Chacun aura son lit dans un dortoir commun. Hors le cas de maladie, on couchera sur de simples planches revêtu de ses habits réguliers. Le traversin ou oreiller sera de paille battue. On est couvert autant qu'il en est besoin. Il y aura un rideau devant chaque couche. Une lampe sera allumée toute la nuit dans le dortoir. On ne peut entrer au dortoir sans une permission spéciale, excepté pour prendre son repos, pour changer de hardes, pour ranger sa couche. On y sera toujours couvert, le capuce entièrement abaissé. On n'y fera point de signes, on ne s'y saluera même pas....

Réglement du chauffoir.

Le chauffoir est l'objet d'un réglement en douze articles; nous en extrairons ce qui suit :

Le chauffoir n'a pas pour objet de nous empêcher de souffrir du froid, mais seulement de nous mettre en état de vaquer à nos exercices, en nous préservant du froid extrême. La chaleur, le froid, et les autres injures des saisons font partie de la pénitence commune imposée à tous les enfans d'un père coupable : des religieux c'est-à-dire, des pénitens de profession, des martyrs volontaires, n'auraient-ils pas mauvaise grâce de vouloir s'y soustraire? On se gardera donc d'aller au chauffoir précisément parce que l'on aura froid, mais on ne se donnera ce soulagement qu'autant qu'on le croira nécessaire sans se flatter. Au reste, comme les besoins dépendent beaucoup des complexions, et, ainsi qu'elles, varient à l'infini, les frères n'auront garde de se juger mutuellement. Ceux qui croiront, devant Dieu, avoir un besoin réel de se chauffer un peu plus souvent et un peu plus longtemps, s'en humilieront, et feront part au supérieur de cette disposition particulière et fâcheuse de leur tempérament. Les autres, plus favorisés du ciel, l'en béniront, et prieront Dieu pour leurs frères, sans les mépriser. Cependant si l'on remarquait qu'un religieux se familiarisât trop avec le chauffoir jusqu'à y passer, par exemple, plus d'un quart d'heure, on ne manquera pas de l'en *proclamer* au chapitre. On n'y sera jamais assis, on y garde un profond silence, sans même y faire aucun signe. Jamais on n'y ôte ses souliers, du moins en présence de quelqu'un.

Réglement pour le réfectoire.

Cet article des réglemens est un des plus étendus, comprenant ce qui concerne le réfectoire comme lieu régulier, la nourriture, les serviteurs de table et le lecteur. Voici ce qui nous y a paru de plus remarquable :

D'abord le préambule de ce réglement frappera, à coup sûr, le lecteur d'un étonnement bien inattendu. Il semble, dit-on, que de toutes les pratiques de la Trappe le jeûne et les abstinences sont celles qui étonnent le plus les gens du monde, et contre lesquelles on se révolte davantage, quoique nous les gardions d'une manière si modérée. Ce n'est qu'avec une sorte d'horreur et en frissonnant, que l'on prononce ces mots : Vivre en Trappiste, ne manger ni viande, ni poisson, ni œufs; ne manger qu'une fois le jour près des deux tiers de l'année. Une telle vie paraît surpasser les forces de la nature, on l'affirme même sans nulle hésitation. Il pourrait arriver qu'un religieux, entendant de pareils propos, fût tenté de croire que la vie qu'il mène ici a réellement quelque chose de grand, qu'il fait beaucoup pour Dieu, et presque autant qu'il est possible.

Suivent deux ou trois pages où le réformateur s'applique à prémunir ses frères contre cette tentation, à les humilier même, et à rabaisser singulièrement à leurs yeux le mérite de leur mortification : il prétend démontrer que leur genre de vie, sous le rapport de l'austérité, n'est que la vie pythagoricienne *nonne et Ethnici hoc faciunt?* et qu'elle est bien inférieure à celle des anciens solitaires, leurs modèles.

Il est beau de joindre ainsi la modestie à l'austérité : ces deux vertus doivent être compagnes inséparables pour que la mortification ne dégénère pas en pharisaïsme. Mais sans vouloir inspirer de la vanité aux Trappistes, ils me pardonneront de n'être point entièrement de l'avis de leur célèbre législateur, du moins quant à la première partie de ce parallèle. Certes, à part même le motif intérieur dont il n'est pas ici question, il y a loin d'un enfant de Rancé au plus rigide sectateur de Pythagore. Mais poursuivons notre analyse.

On donnera à chacun une livre de pain bis, du poids de douze onzes (livre d'Italie); les jours de deux repas, on ne sert, au dîner, que les deux tiers de cette ration de pain; on réserve l'autre tiers pour le souper. Les portions seront assez copieuses pour suppléer à une plus grande quantité de pain que pourraient exiger certaines constitutions individuelles. Les œufs et le beurre, comme la viande et le poisson, sont interdits aux religieux en santé, et par conséquent ne doivent jamais paraître au réfectoire commun. Il n'entrera jamais dans l'assaisonnement ni beurre, ni sucre, ni miel, ni aucune sorte d'épiceries. On ne boira ni vin, ni bière, ni cidre, ni autre boisson fermentée, mais de l'eau pure. On ne donnera qu'une seule portion avec le potage. Le lait et le fromage, aux temps où ils sont permis, seront considérés comme *portions*. Si l'on a dans la maison quelques fruits, raves, petits ognons ou autres choses semblables qui se mangent crues, on en pourra donner par forme de dessert; mais on n'en achètera jamais pour l'usage commun. On ne donnera point de dessert durant l'avent, ni le carême, non plus que les vendredis de toute l'année et les jours de jeûnes de l'Église. On ne servira jamais à souper aucune portion chaude. Les trois premiers vendredis de carême on ne donnera qu'une portion sans potage, et les trois derniers on jeûnera au pain et à l'eau.

Selon le réglement du réfectoire, personne ne doit y entrer sans permission, hors le temps des repas, excepté les officiers de semaine pour ce qui concerne leur emploi. On y garde un silence absolu. On n'y prend jamais rien sans être en habits réguliers et sans s'être lavé les mains. On y est toujours entièrement couvert et les yeux baissés; on n'aura jamais sur la table les bras plus avant que le poignet; on ne s'y lavera point la bouche; on ne s'y nettoiera point les dents. Il y aura à chaque place un couvert consistant en un petit linge, une tasse, une cuillère, mais pas de fourchette.

On attend pour disposer son couvert et commencer son repas, que le supérieur en ait donné le signal; ce qu'il ne fait qu'après quelques phrases de la lecture, pour rappeler que dans cette action indispensable, c'est plus la nourriture de l'âme que celle du corps qui doit intéresser et occuper. Chaque fois que le supérieur sonne la clochette (ce qui a lieu sept à huit fois à chaque repas), on cesse aussitôt de manger, on quitte ce que l'on a dans les mains, on les joint sur la table, et on se recueille un instant.

Si le révérend père arrive au réfectoire lorsqu'on est déjà à table, tous se lèvent et lui font à son passage une profonde inclination.

Personne n'est dispensé de l'office de serviteur de table, sinon pour cause de maladie, ou pour quelque occupation importante à l'intérêt du monastère. Les serviteurs de table se recommandent à l'église aux prières de toute la communauté avant d'entrer en fonction et lorsqu'ils en sortent. Les uns et les autres lavent, le samedi, les pieds à tous leurs frères réunis au chapitre. Le serviteur de table fait une inclination au crucifix placé au fond du réfectoire, chaque fois qu'il le traverse. S'il y a des hôtes à dîner, il sert leur soupe la dernière, afin qu'ils puissent l'avoir chaude; en servant les hôtes, il fait une inclination profonde avant et après, mais envers ses frères il ne fait qu'une inclination médiocre. S'il fait une faute en servant, il attend, pour se prosterner, qu'il ait fini de servir, à moins que la faute n'ait fait sensation, comme s'il laissait tomber un plat, ou que la faute ne regardât les hôtes; dans ces deux cas, il se prosternerait aussitôt devant le degré de la table principale. Après avoir servi, il fait une visite des tables, regardant avec soin s'il ne manque rien à personne. Si quelqu'un vient à se blesser, il lui porte du linge et du fil qu'il va prendre à l'endroit destiné à cela. S'il voit quelqu'un se retrancher considérablement de la nourriture, il en avertit charitablement le supérieur en particulier.

Le réglement des cloîtres présente entre autres dispositions les suivantes :

Tous les frères feront, durant le jour, leurs lectures sous les cloîtres, du côté où les bancs sont placés. Ils s'y comporteront avec tant de modestie et d'édification, que chacun puisse trouver dans la contenance de son frère la règle et le modèle de la sienne. On y lira tout bas de manière à n'être pas entendu de ses voisins. On ne s'y promènera jamais. On y est placé selon le rang d'ancienneté dans la religion. Si on lit le *Nouveau Testament*, on restera à genoux tant qu'en durera la lecture ; pour l'*Ancien*, on peut n'en lire à genoux que les premières lignes. Tous les samedis on fait sous les cloîtres le *mandatum*, ou lavement des pieds.

Réglemens du chapitre.

C'est dans le chapitre, après prime, que se font la lecture de la règle, les instructions, les exhortations, la révélation des *coulpes* ou de ses fautes propres, et les proclamations ou accusations de celles de ses frères.

C'est ici le tombeau de l'orgueil : il est permis de parler au chapitre, mais seulement pour s'accuser, ou, ce qui est plus pénible encore à un bon cœur, pour accuser ses frères. Certes, la nature préférerait, à coup sûr, le silence absolu des autres lieux réguliers, à cet usage de la parole qui la mortifie et la tue.

Après s'être prosternés tous, celui qui est appelé sur *le tapis* s'avance au milieu du chapitre devant le supérieur; et là, après une inclination profonde, il s'accuse en face de toute la communauté, non d'une manière vague et générale, mais toujours de fautes précises, déterminées et extérieures toutefois; car les manquemens purement intérieurs, les motifs secrets qui les ont inspirés ou accompagnés, soit qu'ils aggravent ou qu'ils diminuent la culpabilité, rien en un mot de ce qui s'est renfermé au dedans de la conscience, n'est du ressort de cette accusation publique. L'accusation finie, si l'on n'est point proclamé ensuite, on reçoit à genoux une pénitence du supérieur, et après avoir promis de s'amender on se retire à sa place. Lorsque celui qui s'accuse a terminé l'aveu de ses fautes, si l'on remarque qu'il en ait oublié dont on le connaît coupable, on se lève, et, se tenant debout et découvert, on a la charité de le proclamer (accuser). Chaque frère ne peut proclamer plus d'une fois le même religieux dans un même chapitre, ni proclamer le même jour celui par qui il a lui-même été proclamé. On ne fait point de proclamation sur de simples soupçons, des doutes, ou des rapports. Lorsqu'on est coupable de la même faute, ou d'une faute semblable à celle dont on proclame un de ses frères, on se proclame conjointement, et l'on se prosterne avec lui. On se prosterne également lorsqu'un frère s'accuse ou est proclamé d'un manquement dont on se reconnaît aussi coupable, à moins que la faute n'ait eu lieu plus de huit jours auparavant, ou que déjà on ne s'en soit accusé. Il n'est point permis de s'excuser, ni de faire aucun signe négatif, fût-on innocent de la faute dont on est accusé; si un frère se permettait cette excuse par geste ou autrement, tous les religieux se prosterneraient à l'instant pour réparer par cette humiliation générale l'orgueil de celui qui n'a pu souffrir qu'on le crût coupable.

Lorsque le supérieur a appris la mort de quelque proche parent d'un religieux, il recommande le défunt au chapitre, mais sans le nommer, se servant de cette locution générale. Nous prierons pour le repos de l'âme du père ou du frère, etc., d'un de nos religieux. « On en use ainsi, dit le réformateur, afin que chacun s'y intéresse comme à son propre père, et que cette nouvelle ne cause ni inquiétude ni distraction à celui des frères qu'elle touche de plus près. » Rien ne prouve mieux peut-être, que cette dernière disposition, la plénitude d'abnégation et de mort à laquelle le Trappiste se dévoue.

Réglemens pour le travail.

On se rappellera que le travail est la première pénitence à laquelle l'homme, quel qu'il soit, a été condamné dès son origine. C'est ce joug pesant, *jugum grave*, imposé, sans distinction, à tous les enfans d'Adam, qui, par conséquent, doit être pénible et faire couler la sueur de notre front.

Au signal donné par le prieur qui frappe la tablette, tous, les infirmes exceptés, se rendent au lieu où sont déposés les habits de travail. Ils y ôtent leurs coules ou habits de chœur, et y prennent le scapulaire noir. Le prieur distribue ensuite le travail et les instrumens propres, selon qu'il le juge convenable. Cela fait, on va se ranger sur deux lignes, chacun à sa place déterminée, et l'on suit ainsi, les outils sous le bras, d'une manière uniforme, le supérieur qui marche à la tête, vers le lieu du travail; le maître des novices, ou un autre frère désigné pour cela, ferme la marche. Arrivé au lieu fixé, on attend pour commencer que le supérieur en ait donné le signal. Si quelque explication de vive voix est indispensable sur le mode du travail, elle a lieu en peu de mots par celui qui préside; tous écoutent avec attention, et n'ont plus après qu'à agir selon la direction qui a été donnée. Si durant le travail on vient à se blesser, à rompre ou à gâter quelque chose, on va aussitôt s'en accuser au supérieur, en se mettant à genoux devant lui et montrant la blessure ou l'objet gâté; on en reçoit ensuite la pénitence convenable.

Il paraît un peu dur d'aller demander une punition pour s'être fait une plaie, il semble que le patient est déjà assez puni en ce cas, d'une faute qui n'a guère pu être délibérée; mais la règle suppose qu'il peut y avoir de l'étourderie dans cet accident, et que, n'étant plus à lui, mais à la communauté, ce frère en se blessant a violé une propriété commune.

Si l'on est obligé de quitter le travail pour quelque besoin, on en demande la permission au supérieur, ou à celui qui tient sa place. Celui qui préside au travail donne de temps en temps un signal pour l'interrompre quelques instans. Aussitôt tous les bras sont en repos, tous les religieux dans le recueillement et tous les cœurs élevés à Dieu. A la fin du travail on se retire processionnellement dans le même ordre que l'on est venu. On dépose le scapulaire pour reprendre l'habit de chœur.

Voilà une analyse bien courte d'une partie seulement des réglemens, et comme pour en donner un échantillon. Les autres, en grand nombre, ont pour objet les fêtes et les cérémonies du culte, l'office du chœur, les sentimens qui doivent y conduire, les différentes postures à y tenir, comme de se prosterner, se mettre à genoux ou sur les articles, et les diverses pénitences ou satisfactions à y faire selon les fautes.

L'ouvroir, la cuisine, la lessiverie, tout jusqu'aux tonsures a ses réglemens particuliers qu'il serait trop long même d'analyser. Mais en voilà assez pour faire apprécier la régularité de la maison. Cette analyse, tout imparfaite qu'elle soit, m'a paru de nature à intéresser le lecteur pieux, ou simplement curieux, plus que tous les panégyriques, toujours suspects d'exagération.

Réflexions sur les réglemens qui précèdent.

Ces détails sans doute ne plairont pas à tout le monde; à certains esprits même, je ne me le dissimule point, ces réglemens si circonstanciés pourront paraître minutieux, n'offrir rien de grand, rien qui réponde à l'idée qu'on se fait communément de la Trappe. Telle ne sera point la disposition générale de mes lecteurs; j'écris pour des chrétiens, et tout homme éclairé de la foi sait qu'il n'est rien de petit au service du grand maître, dont la suprême majesté relève et ennoblit ce qu'il y a de plus vil, même un verre d'eau donné en son nom; dont l'infinie bonté daigne non-seulement compter toutes les œuvres et tous les pas, mais même toutes les pensées, tous les désirs, et pour ainsi dire toutes les pulsations d'un cœur dévoué. Et n'est-ce pas précisément cette série de pratiques saintes, quoique peu éclatantes prises séparément, dont la chaîne consacre tous les instans de la vie, et soumet irrévocablement et sans réserve toutes les facultés du corps et de l'âme à l'empire de la volonté divine? Voilà, ce me semble, ce qui constitue la vraie sainteté, en rendant pleins pour le ciel les années, les jours et les momens de ces parfaits religieux. Oui, c'est incontestablement quelque chose de grand, de difficile, d'héroïque même que cet assujettissement continuel, que cette sainte servitude de tout l'homme et de tous les instans de son existence. C'est à mes yeux un vrai martyre qui, pour être plus lent, n'en est que plus pénible et plus méritoire. Je suis indigne d'une aussi grande grâce, mais le martyre par le fer, le feu, les ongles des lions, m'effraierait moins que celui où l'on meurt ainsi lentement en versant son sang comme goutte à goutte, que cet holocauste où la victime est comme consumée à petit feu. Et certes si l'étonnement a lieu dans le monde futur, je serais, ce me semble, bien surpris au grand jour de la manifestation générale, si les lauriers de celui-ci le cédaient en éclat à la palme de celui-là.

Il ne serait pas plus vrai, quoique plus plausible, de regarder ce code de règles, toutes plus ou moins pénibles, comme un joug intolérable de nature à étouffer, sous cette masse d'observances, la volonté la plus forte et le courage le plus résolu. C'est en effet le jugement qu'en portèrent bien des personnes respectables d'ailleurs, dès le berceau de la réforme et alors qu'elle brillait d'un éclat qui étonnait la France et le monde entier ; à sa naissance même on lui prédisait sa mort prochaine, ou du moins une prompte et inévitable décadence. On avait vu tant de monastères fameux dégénérer et tomber dans le relâchement. La Trappe a heureusement trompé toutes ces sinistres prévisions. Après environ deux siècles, elle subsiste, et dans toute la vigueur de ses premiers jours ; que dis-je ? au lieu de relâchement et de mitigation, c'est en quelque sorte une nouvelle réforme qu'on y admire, ou du moins un retour plus entier aux austérités primitives de saint Benoît et de saint Bernard ; car, quelque titre que l'on veuille donner à cet accroissement de ferveur et d'austérité, il est incontestable que les Trappistes de dom Augustin marchent de plus près encore que Rancé et les siens, sur les traces de leurs pères communs.

Ce n'est donc ni l'austérité ni la multiplicité des observances qui enfantent le relâchement, elles en sont au contraire le préservatif le plus assuré. Stimulé par elles, le religieux, continuellement en haleine, n'a pour ainsi dire pas le temps de respirer, et ne donne plus de prise à la tentation. De là l'estime qu'en ont eue les saints fondateurs. Les réglemens, au sentiment de ces maîtres habiles, sont à une communauté ce que sont à une ville les remparts qui l'environnent et la protégent contre les insultes de l'ennemi ; au religieux, ce qu'est la cuirasse à un soldat qu'elle rend invulnérable, ou ce que sont les ailes à l'oiseau. C'est par la pratique exacte des règles que ces aigles de la religion s'élèvent, planent et se soutiennent à une élévation si prodigieuse au-dessus du monde et d'eux-mêmes. Aussi il est à remarquer que de tous temps, les communautés soumises à la plus austère discipline sont précisément celles où la ferveur première s'est le mieux conservée; témoin la Chartreuse et la Trappe, qui jamais, au milieu du relâchement général, n'eurent besoin de réforme. Non, à moins d'une vie laborieuse et pénible, d'une retraite entière du monde, ou d'une application constante aux fonctions du saint ministère comme dans certains ordres, il est impossible que le relâchement et le désordre ne pénètrent pas bientôt dans les maisons religieuses.

On peut citer à l'appui de cette observation un témoignage du plus grand poids, et le plus irrécusable, celui des révolutionnaires de 93. Dans le rapport sur la Trappe par l'administration de l'Orne, on lit ce qui suit : « Il y a long-temps qu'on a observé que les religieux les plus attachés à la vie claustrale étaient précisément ceux dont la règle était la plus austère. » Des moines qui, sans abjurer précisément le siècle, ont embrassé une règle équivoque qui partage leur vie et leurs habitudes entre le cloître et la société, n'ont jamais pu contracter cette espèce d'endurcissement qui rend sourd à la voix puissante de la nature. L'exemple séduisant que la société leur remet sous les yeux les entraîne par un charme invincible; ce qu'ils voient dans le monde leur fait oublier ce qu'ils ont entendu sous le cloître : de tels instituts reposent sur des bases contradictoires. La nature est mise aux prises avec l'institution humaine, mais elle conserve trop d'avantages pour perdre ses droits. Ces cloîtres ne forment que des élèves équivoques, qui ne sont ni de vrais citoyens ni de parfaits religieux.

On le voit, le rapporteur, d'accord sans s'en douter avec l'Evangile et saint Benoît, n'admet pour les religieux point de partage entre Dieu et le monde, et proclame monstrueuse cette alliance de l'un avec l'autre qui a été la ruine de tant de monastères.

Le surcroît d'austérités de la réforme, ajouté à celle de l'abbé de Rancé, consiste principalement en sept chefs : 1° le retranchement des cellules particulières pour chaque religieux ; 2°, de la paillasse piquée; 3°, d'environ une heure de sommeil par jour; 4°, de la ration de bierre ou autre boisson du pays ; 5°, de la collation des jours de jeûne (ce qui en outre a fait remettre l'unique repas permis à une heure bien avancée); 6° dans l'addition de trois heures de travail, par jour, pour les religieux de chœur, en sorte qu'il est aujourd'hui de six heures, c'est-à-dire le double de ce qu'il était autrefois; 7° dans la prolongation du chœur, le grand office, qui la nuit n'était que psalmodié aux jours ordinaires, se chante maintenant entièrement tous les jours.

Le tableau que nous venons d'esquisser de la sainte maison de la Trappe, et des réglemens qui en sont la vie, est sans doute bien imparfait; du moins il est exact, puisse-t-il être salutaire!

A la vue d'une horreur si vive du péché et d'un si ardent amour de la pénitence qui l'expie, peut-être quelque pécheur endurci jusque là, rougissant enfin de s'y plonger avec tant d'audace et d'y croupir avec tant de sécurité, fera un généreux effort pour rompre ses fers. Peut-être quelque âme d'une piété languissante, en voyant cette ferveur surhumaine, se piquera-t-elle d'une sainte émulation, pour essayer de suivre de loin ces admirables modèles. Qui sait enfin si quelque autre âme, plus sublime et privilégiée, éprise d'admiration pour tant de sainteté, ne sentira point naître en elle l'irrésistible désir de venir partager les austérités et le bonheur des Trappistes? Que le ciel daigne répandre sur ce petit écrit de pareilles bénédictions, et l'auteur sera amplement dédommagé de son faible travail.

FIN.

ODE
SUR LES MONASTÈRES EN GÉNÉRAL,
ET SUR
Le Monastère de la Trappe en particulier

> *Egentes, angustiati, afflicti, quibus dignus non erat mundus, in solitudinibus errantes.*
> (Hebr. xii, 37.)

Vous dont le vain orgueil condamne
Ces asiles saints et secrets
Où, fuyant un monde profane,
L'âme cherche et trouve la paix :
Changez donc l'homme et sa nature ;
Comblez ses souhaits sans mesure ;
Guérissez les maux de son cœur.
Fixez sa fatale inconstance ;
Assouvissez sa soif immense :
Rassasiez-le de bonheur.

Mais dans la coupe enchanteresse
Où vous lui versez le plaisir,
Il boit les eaux de la tristesse
Avec le fiel du repentir.
Les flots des voluptés coupables
De ses désirs insatiables
Ne sauraient éteindre les feux.
L'inflexible remords l'accuse :
Si les sens disent qu'il s'amuse,
Le cœur dit qu'il n'est pas heureux.

Pourquoi donc lui fermer l'asile
Qu'implore son espoir déçu ?
Asile sûr, abri tranquille,
Sanctuaire de la vertu ?
Là, brisant des nœuds qu'il méprise,
Au monde qui le tyrannise
Il dit un éternel adieu ;
Et, libre d'un joug qu'il déteste,
Il prélude au bonheur céleste
En chantant, en aimant son Dieu.

Voyez ces humbles solitaires (1) :
Au pied de ces monts orgueilleux,
Ils savent dans des lois austères
Trouver le secret d'être heureux.
Pure et sainte comme leur âme,
Leur voix que la prière enflamme
S'élève en concert solennel :
Et l'écho des profonds abîmes,
En répétant leurs chants sublimes,
Apprend à louer l'Éternel.

Allez dans ces belles vallées
Dont le Vésuve est le tyran (2),
Qui trop souvent sont désolées
Par les caprices du volcan.
Contemplez ces pieux ermites,
Ces saints, ces savans cénobites,
Dont Benoît régla les loisirs,
Et dont les hymnes de louanges
Au séjour qu'habitent les anges
Montent sur l'aile des zéphirs.

Leur travail utile et sans gloire
Sauve des écrits précieux
Et les monumens de l'histoire
Des coups du temps injurieux.
Ainsi l'antiquité savante
Revoit le jour, et sort brillante
De leurs laborieuses mains;
Et le flambeau de la science,
Perçant la nuit de l'ignorance,
Éclaire encore les humains.

Aux champs que l'Orne fertilise,
Voyez les enfans de Rancé :
Leur ferveur console l'Église
Des erreurs d'un monde insensé.
Tandis que la haine et la guerre
Portent au reste de la terre
Tous les forfaits, tous les malheurs,
Ici règne une paix durable,

(1) On sait que la Grande-Chartreuse est située à l'entrée des Alpes et dans les plus âpres montagnes.
(2) Les monastères du *Mont-Cassin* et de *La Cava*, situés au milieu de l'Apennin, non loin du Vésuve, dans le royaume de Naples, ornent les plus belles contrées de l'Europe, et offrent au voyageur les sites les plus pittoresques. Là sont de modestes religieux Bénédictins qui, encore aujourd'hui, s'occupent sans cesse de l'examen, de la lecture et de la copie des anciens manuscrits.

Une concorde inaltérable :
Le désert se couvre de fleurs (1).

Là, du monde et de ses orages
Viennent expirer les vains bruits.
La fortune n'a plus d'outrages :
Ses piéges sont évanouis.
Dans une douce solitude,
Entre la prière et l'étude,
On atteint le port désiré :
Telle une onde tranquille et pure
S'échappe, fuit, et coule obscure
Au fond d'un vallon ignoré.

« Prophète, annonce ma justice (2),
Tonne, éclate, dit le Seigneur ;
Trouble la fausse paix du vice;
Éveille, étonne le pécheur.
Ma grâce en vain le sollicite ;
Il fuit, il m'outrage, il m'irrite,
Et, blasphémant ma sainte loi,
Jouet de ses désirs frivoles,
Prodigue à d'impures idoles (3)
L'amour qu'il ne devait qu'à moi.

Mais il a beau sourire au crime :
Ma main, prompte à le secourir,
Saura l'arracher à l'abîme,
Et le frapper pour le guérir (4).
D'un saint remords heureuse proie,
En pleurs il va changer sa joie (5).
Tendre et sévère tour-à-tour,
A la fois son juge et son père,
Pour lui les traits de ma colère
Seront des traits de mon amour.

A de salutaires miracles,
Il reconnaîtra mes bienfaits.
J'opposerai d'heureux obstacles
A ses pernicieux projets (6).

(1) Exultabit solitudo, et florebit;... germinans germinabit. — *Is.* XXXV, 1.
(2) Fili hominis, propheta, et dic. — *Ezech.* XXX, 2.
(3) Viri isti posuerunt immunditias suas in cordibus suis. — *Ezech.* XIV, 13.
(4) Percutit, et manus ejus sanabunt. — *Job.* V, 18.
(5) Cessare faciam omne gaudium ejus. — *Osee.* II, 11.
(6) Sepiam viam tuam spinis. — *Osee.* II, 6.

Bientôt le feu qui le consume
Va s'éteindre dans l'amertume
Que je mêle à ses voluptés (1),
Et, pour assurer ma conquête,
J'appesantirai sur sa tête
Le joug de ses iniquités (2).

Dégoûté d'un monde perfide
Dont l'amour le flatte et le perd,
La main d'un Dieu sera son guide,
Et va le conduire au désert (3).
Là, de mes pas suivant la trace (4),
Il vivra libre, et de ma grâce
Il sentira l'attrait vainqueur :
Là, je saurai lui faire entendre
Le langage puissant et tendre
De son Dieu parlant à son cœur... »

Ainsi donc, heureux solitaires,
Dieu vous aime ; il soutient vos pas.
Vous méditez ses saints mystères,
Vos jours s'écoulent dans ses bras.
Les peuples sur les peuples roulent,
Les trônes s'ébranlent, s'écroulent :
Jamais rien ne change à vos yeux.
Tel, caché sous l'épais feuillage,
L'oiseau laisse passer l'orage
Dans un abri délicieux.

Au saint joug de la pénitence
Vous devez la sobriété.
Sœur de la sévère abstinence,
Mère heureuse de la santé.
A votre paisible jeunesse
Succède une douce vieillesse
Qui prolonge et double vos jours.
On dirait que la mort ravie
Respecte une si belle vie,
Et n'ose en terminer le cours.

Le bras d'un Dieu vengeur accable
Et les cités et les hameaux;

---

(1) Ecce ego cibabo eos absintho, et potabo eos felle. — *Jerem.* XXIII, 15.
(2) Gravabit cam iniquitas sua. — *Is.* XXIV, 20.
(3) Ducam eam in solitudinem, et loquar ad cor ejus. — *Osee,* II, 14.
(4) Jesus ductus est in desertum a spiritu. — *Matth.* IV, 1.

Pour vous seuls ce bras secourable
Éloigne de vous tous nos maux.
La contagion dévorante (1)
Répand en tous lieux l'épouvante,
Le deuil et l'horreur qui la suit.
Ici, n'osant franchir l'entrée,
Au seuil de la maison sacrée
Le fléau s'arrête, et s'enfuit.

Ah! déjà voisin de la tombe,
Que ne puis-je, embrasé d'amour,
Sur les ailes de la colombe
Voler dans cet heureux séjour!
Et, fuyant le peuple et les villes,
Où nos dissensions civiles
Sèment la honte et les forfaits (2),
Oublier la nature entière,
Et, simple enfant de la prière,
M'enivrer d'un fleuve de paix (3)!

De cette retraite profonde
Imitant la douce rigueur,
Heureux celui qui dans le monde
Vit solitaire dans son cœur!
Et dont l'âme innocente et sainte,
Se présentant libre et sans crainte
Au passage tant redouté,
Voit déjà son Dieu qui s'apprête
A faire luire sur sa tête
Les rayons de l'éternité!

Le comte de MARCELLUS.

(1) Le choléra.
(2) Quis dabit mihi pennas sicut columbæ, et volabo, et requiescam. Ecce elongavi fugiens, et mansi in solitudine.. Quoniam vidi iniquitatem et contradictionem in civitate. — *Psalm*. LIV, 7, 8, 10.
(3) Sicut flumen pax tua. *Is*. XLIII, 18. — Quasi fluvium pacis. *Is*. LXVI, 12.

ERRATA.

Page 12, ligne 25, vaiseau, *lisez* : vaisseau.
    17,   6, fidéle à ces, *lisez* : fidéle à ses.
    29,   27, sommes venu, *lisez* : sommes venus.
    41,   21, et de l'abbé de Clairvaux, *lisez* : du général de l'ordre.
   123,   21, des taches légéres que, *lisez* : des taches légéres qui.
   189,   17, qu'il présente, *lisez* : qu'elle présente.